KB173396

채 근 담

菜 根 譚

채근담

초판 인쇄 : 2023년 6월 10일
초판 발행 : 2023년 6월 20일

엮은이 : 김한진
펴낸이 : 김진남
펴낸곳 : 배영사

등록 : 제2017-000003호
주소 : 경기도 고양시 일산서구 구산동 1-1
전화 : 031-924-0479
팩스 : 031-921-0442
이메일 : baeyoungsa3467@naver.com
ISBN : 979-11-899480-9-2 03100

채 근 담

菜 根 譚

홍자성

배영사

채근담 제사

방문객을 멀리 하고 외로이 누추한 집에 파묻혀 살면서 세속 따라 사는 사람들과 어울리기를 즐기되 세상을 버린 사람들과 교류하기는 즐기지 않았다. 외람되게 옛 성현들과 더불어 경전의 바른 뜻을 밝히기에 힘쓸 뿐, 부질없이 몇몇 사람들과 함께 절간이나 도관 같은 곳에 함부로 서성거리지는 않았다. 날마다 어부나 농부들과 더불어 오호(五湖)의 물가라든가 푸른 들 가운데서 읊조리고 노래하였지만, 사소한 이익을 다투거나 얼마 안 되는 녹봉을 영광으로 여기는 자들과 염량의 마당이나 권문세가의 흥정하는 방안에 모여 회포를 푼 적은 없었다.

간혹 성리학을 배우려는 사람이 있으면 가르쳐 주고, 불가의 학설을 배우려는 사람에게는 그것을 일깨워 주되, 허황된 공론을 일삼는 자는 멀리하였다. 이로써 나는 산속에서 수양을 쌓기에 족하였다.

때마침 친구인 홍자성이 '채근담'을 가지고 와서 나에게 보이면서 서문을 써달라고 청해 왔다. 나는 처음에는 수박 겉핥기로 대수롭지 않게 보았을 뿐이었다. 그러나 책상 위의 고서들을 치우고 마음속의 잡념을 털어버린 다음 정독을 하고 나서야 예사로운 책이 아님을 깨달았다.

그 글이 마음의 본성을 논함이 이미 깊은 경지에 이르고, 인정을 말함이 인간 세상의 고충을 곡진하게 밝혀 놓았다. 천지의 이치를 관찰하여 가슴속의 여유를 보고, 부귀공명을 티끌같이 보았으니 그 식견의 취미가 멀고도 높음을 알 수 있다. 붓 끝에 그려진 것은 녹수청산이 그려지고, 하는 말 모두가 자연법칙 그대로이다.

이에 그가 얼마나 스스로 깨달았는지는 알 수는 없지만, 그가 지은 문장을 보면 모두가 세상을 깨우치고 사람을 각성시키는 긴요한 구절들뿐이어서 귀로 듣고 금방 입 밖으로 나오는 그런 경박한 것이 아니다.

채근담이라고 이름 붙인 이유는 본디 청렴한 생활을 바탕으로 하였고, 또한 스스로 가꾸고 물을 주는 가운데서 터득했기 때문이리라. 세상의 풍파에 시달리고 갖은 고난을 겪으면서 고루 맛보았음을 상상할 수 있다.

홍자성은 말하기를, '하늘이 내 몸을 수고롭게 한다면 나는 내 마음을 편안하게 함으로써 이를 보충할 것이며, 하늘이 나에게 곤궁하게 만든다면 나는 나의 도를 형통하게 함으로써 이를 뚫고 나갈 것이다'고 하였다. 그 자신이 신중하게 경계하고 스스로 힘썼음을 또한 알 수 있으리라. 이상과 같기에 몇 마디 적어서 이 책을 세간에 공표하여, 채근담이야말로 인생의 참맛이 있음을 알리고자 한다.

삼봉주인 우공겸 쓰다

菜根譚 題詞

逐客孤踪 屏居蓬舍 樂與方以內人遊 不樂與方以外人遊也.
妄與千古聖賢 置辯於五經同異之間 不妄與二三小子. 浪跡
于雲山變幻之麓也. 日與漁父田夫 郞吟唱和於五湖之濱 綠
野之坳. 不日與競刀錐榮升斗者 交臂抒情於冷熱之場 腥羶
之窟也. 間有習濂洛之說者牧之 習竺乾之業者闢之 爲譚天
雕龍之辯者遠之. 此足以畢予山中伎倆矣. 適有友人洪自誠
者 持菜根譚示予 且丐予序. 予始訑訑然視之耳. 旣而徹几上
陳編 屏胸中雜慮 手讀之則覺. 其譚性命直入玄微 道人情曲
盡岩險 俯仰天地 見胸次之夷猶 塵芥功名 知識趣之高遠. 筆
底陶鑄 無非祿樹青山 口吻化工 塵是鳶飛魚躍. 此其自得何
如 固未能深信 而據所擒詞 悉砭世醒人之喫緊 非入耳出口
之浮華也. 譚以菜根名. 固自清苦歷練中來 亦自栽培灌漑裡
得. 其顚頓風波備嘗險阻 可想矣. 洪子曰, 天勞我以形 吾逸
吾心以補之. 天阨我以遇 吾高吾道以通之. 其所自警自力者
又可思矣. 由是以數語辯之 俾公諸人人 知菜根中有眞味也.

三峰主人 于孔兼 題

채근담 전집

菜根譚 前集

001

▶ 도덕을 지키면서 사는 사람은 한때 쓸쓸하고 적막하나, 권세에 빌붙어 아부하는 사람은 영원히 처량하다. 사물의 이치에 통달한 사람은 세속을 초월한 진리를 살피고 죽은 후 자신의 명예를 생각하나니, 차라리 한때 쓸쓸하고 외로울지언정 영원히 불쌍하고 처량하게 될 일은 하지 말아야 한다.

棲守道德者, 寂寞一時, 依阿權勢者, 凄凉萬古. 達人觀物外之物, 思身後之身, 寧受一時之寂寞, 毋取萬古之凄凉.

002

▶ 세상풍파에 시달리는 시간이 짧으면 속세에 찌든 먼지를 덜 묻히게 되고, 산전수전 다 겪으며 세상일에 찌들다 보면 권모술수만 깊어질 것이다. 그러므로 군자는 세상을 능숙하게 살기보다는 꾸밈이 없이 우직하게 사는 편이 낫고, 지나친 예절에 얽매이기 보다는 거침없이 소탈하게 사는 것만 같지 못하다.

涉世淺, 點染亦淺, 歷事深, 機械亦深. 故君子與其練達, 不若朴魯, 與其曲謹, 不若疎狂.

003

▶ 군자의 마음은 하늘처럼 푸르고 대낮처럼 밝아서 사람이 모두 알게 할 것이고, 군자의 재주와 지혜는 옥이 바위 속에 박히고 구슬이 바다 깊이 잠긴 듯하여 남들이 쉽게 알지 못하게 해야 한다.

君子之心事, 天青日白, 不可使人不知. 君子之才華, 玉韞珠藏, 不可使人易知.

004

▶ 권세와 명예, 부귀영화를 가까이하지 않는 이도 청렴결백하지만, 가까이하면서도 물들지 않는 사람이 더욱 고결한 사람이다. 권모술수를 모르는 사람을 고상하다 하고, 이를 쓸 줄 알면서도 쓰지 않는 사람이 더욱 뛰어난 사람이다.

勢利紛華, 不近者爲潔, 近之而不染者爲尤潔. 智機機巧, 不知者爲高, 知之而不用者爲尤高.

005

▶ 귓속에 항상 귀에 거슬리는 말을 듣고, 마음속에 항상 거리껴지는 일을 지니게 되면 비로소 이것은 곧 덕을 증진시키고 행실을 닦는 숫돌이 될 것이다. 그러나 만약 들리는

말마다 귀를 기쁘게 하고, 하는 일마다 마음을 즐겁게 한다면, 이는 곧 목숨을 들어 짐독 속에 파묻는 것이다.

짐독(鴆毒) : 짐새의 깃에 있는 맹렬한 독. 또는 그 기운.

耳中常聞逆耳之言, 心中常有拂心之事, 纔是進德修行的砥石. 若言言悅耳, 事事快心, 便把此生埋在鴆毒中矣.

006

▶ 폭풍우가 휘몰아치는 날씨에는 야생에 익숙한 짐승들도 두려워 떨고, 상쾌한 날씨와 맑은 바람에는 초목도 즐거워한다. 이렇듯 천지에는 하루라도 온화한 기운이 없어서는 안 되고, 사람의 마음에는 하루라도 활기찬 기쁨이 없어서는 안 되는 것이다.

疾風怒雨, 禽鳥戚戚, 霽日光風, 草木欣欣. 可見天地不可一日無和氣, 人心不可一日無喜神.

007

▶ 진한 술이나 기름진 고기, 매운 것이나 단 것은 참 맛이 아니니, 참 맛은 다만 담백할 뿐이다. 신비스럽거나 탁월하거나 기이한 사람이라고 해서 지인은 아니다. 도덕과 학문

이 높은 사람의 말과 행동은 다만 평범할 뿐이다.

지인(至人) : 덕이 높은 사람.

醲肥辛甘非眞味, 眞味只是淡. 神奇卓異非至人, 至人只是常.

008

▶ 천지는 고요하여 움직이지 않으나 만물생성의 작용은 잠시도 멈추지 않고, 해와 달은 밤낮으로 분주하게 움직이나 그 밝은 빛은 영원히 변함이 없다. 그러므로 군자는 한가로운 때에 마음의 긴장을 놓지 말아야 하고, 바쁠 때에는 여유 있는 멋을 지녀야 한다.

天地寂然不動, 而氣機無息少停, 日月晝夜奔馳, 而貞明萬古不易. 故君子閒時 要有喫緊的心思, 忙處要有悠閒的趣味.

009

▶ 밤이 깊어 인적이 고요한 때는 홀로 앉아 자신의 마음을 살피노라면 비로소 망령된 생각이 사라지고 인간의 깨끗한 본성이 드러남을 깨닫게 되니, 늘 이런 가운데서 큰 즐거움을 얻을 것이다. 그러나 진실이 나타났어도 망령된 생각에서 벗어나기 어려움을 깨달으면 또한 이 가운데서 큰 부끄

러움을 얻게 될 것이다.

夜深人靜, 獨坐觀心, 始覺妄窮而眞獨露, 每於此中, 得大機趣. 旣覺眞現而妄難逃, 又於此中, 得大慙忸.

010

▶ 예로부터 은총 속에서 재앙이 싹트고, 한층 만족스러울 때 일찌감치 돌이켜 반성해야 한다. 실패한 뒤에도 간혹 성공할 수 있으니, 일이 뜻대로 되지 않는다 하여 즉시 손을 떼지 않도록 해야 한다.

恩裡, 由來生害, 故快意時, 須早回頭. 敗後, 或反成功, 故拂心處, 莫便放手.

011

▶ 명아주로 국 끓여 먹고 비름나물로 창자를 채우는 사람은 얼음과 같이 맑고 구슬과 같이 깨끗한 사람이 많지만, 비단옷 입고 맛있는 음식을 먹는 사람은 종처럼 굽실거리며 아첨하는 것을 달게 여긴다. 무릇 뜻은 담박함으로써 밝아지고, 절개는 기름지고 달콤한 맛에서 잃기 때문이다.

藜口莧腸者, 多氷淸玉潔, 袞衣玉食者, 甘婢膝奴顔. 蓋志以澹泊明, 而節從肥甘喪也.

012

▶ 살아생전의 마음가짐을 너그럽게 활짝 열어놓아 사람으로 하여금 불평의 탄식이 없게 할 것이고, 죽은 뒤의 은택은 후세에 오래도록 남게 하여 사람들로 하여금 부족한 느낌이 없게 해야 한다.

面前的田地, 要放得寬, 使人無不平之歎. 身後的惠澤, 要流得久, 便人有不匱之思.

013

▶ 벼랑길의 좁은 곳에서는 한 걸음 양보하여 남이 먼저 지나가게 하고, 맛좋은 음식은 조금 덜어 남들에게 맛보게 하라. 이것이 세상을 살아가는 편안하고 즐겁게 사는 하나의 방법이다.

徑路窄處, 留一步與人行. 滋味濃的, 減三分讓人嗜. 此是涉世一極安樂法.

014

▶ 사람이 되어 위대하고 숭고한 사업이야 못할지라도 세속

적인 마음을 털어 버리면 이내 명망이 높은 선비의 반열에 들게 된다. 학문을 닦아서 남달리 공부를 많이 하지는 못할지라도 물욕의 속박을 덜어낼 수 있다면 이내 성인의 경지에 이르게 된다.

作人無甚高遠事業, 擺脫得俗情, 便人名流. 爲學無甚增益工夫, 減除得物累, 便超聖境.

015
▶ 벗을 사귈 때에는 모름지기 어느 정도의 의협심을 지녀야 하고, 사람으로 처신함에 있어서는 어느 정도 순수한 마음을 지녀야 한다.

交友, 須帶三分俠氣. 作人, 要存一點素心.

016
▶ 영예와 이익을 얻는 데는 남들 앞에 서지 말고, 덕행과 업적을 쌓는 데는 남에게 뒤떨어지지 말라. 받아서 누림은 분수를 넘지 말고, 수양과 실천은 자기의 능력을 줄이지 말라.

寵利毋居人前, 德業毋落人後. 受享毋踰分外, 修爲毋減分中.

017

▶ 세상을 살아가는 데에는 한 걸음 양보하는 것을 높이 여기니, 한 걸음 물러섬은 몇 걸음 나아가는 바탕이기 때문이다. 사람을 대할 때에는 약간의 너그러움이 복이 되니, 남을 이롭게 하는 것이 사실은 나를 이롭게 하는 바탕이 된다.

處世讓一步爲高, 退步卽進步的張本. 待人寬一分是福, 利人寬利己的根基.

018

▶ 세상을 뒤덮을 만큼 큰 공로도 '자랑 긍(矜)'자 하나를 당하지 못하고, 하늘에 가득 찰 만큼 큰 죄과도 '뉘우칠 회(悔)'자 하나를 당하지 못한다.

蓋世功勞, 當不得一個矜字. 彌天罪過, 當不得一個悔字.

019

▶ 완전한 명예와 아름다운 절개는 혼자만 차지해서는 안 된다. 어느 정도는 남에게 나눠주어야만 화근을 멀리하고 몸을 보존할 수 있는 것이다. 치욕스런 행위와 더러운 이름은 절대로 남에게 미루어서는 안 된다. 허물을 조금이라도 자

신에게로 돌려야 재능을 간직하고 덕을 기를 수 있는 것이다.

完名美節, 不宜獨任, 分些與人, 可以遠害全身. 辱行汚名, 不宜全推, 引些歸己, 可以韜光養德.

020
▶ 무슨 일에 있어서든 여유로운 마음을 남겨 둔다면, 조물주도 나를 시기하지 않을 것이고, 귀신도 나를 해칠 수 없을 것이다. 그러나 만약 하는 일마다 반드시 완벽함을 구하고, 공적도 반드시 최고의 것을 구하고자 한다면, 안에서 변란이 생기거나 아니면 반드시 밖으로부터 근심을 부를 것이다.

事事留個有餘不盡的意思, 便造物不能忌我, 鬼神不能損我. 若業必求滿, 功必求盈者, 不生內變, 必召外憂.

021
▶ 가정 안에 참 부처가 있고, 일상생활 속에 진실한 도리가 있다. 사람이 능히 정성스러운 마음과 화평한 기운을 지녀 얼굴빛을 화사하게 하고 말씨를 부드럽게 하여, 부모와 형제가 서로 화합하고 또한 뜻이 서로 통하게 된다면, 이는

호흡을 가다듬고 마음을 관조하는 것보다 훨씬 나을 것이다.

관조(觀照) : 고요한 마음으로 사물이나 현상을 관찰하거나 비추어 봄.

家庭有個眞佛, 日用有種眞道. 人能誠心和氣, 愉色婉言, 使父母兄弟間, 形骸兩釋, 意氣交流, 勝於調息觀心萬倍矣.

022
▶ 움직임을 좋아하는 사람은 구름 사이의 번개와 같고 바람 앞의 등불과 같으며, 고요함을 즐기는 사람은 식은 재와 같고 말라죽은 나무와 같다. 모름지기 멈춰있는 구름과 잔잔한 물 위에 소리개가 날고 물고기가 뛰노는 기상이 있어야 한다. 이것이야말로 도를 체득한 사람의 마음이라고 할 수 있다.

好動者, 雲電風燈, 嗜寂者, 死灰槁木. 須定雲止水中, 有鳶飛魚躍氣象, 纔是有道的心體.

023
▶ 남의 허물을 책망할 때는 너무 엄하게 하지 말라. 그가

그 말을 받아서 감당할 수 있는가를 생각해야 한다. 남을 가르칠 때는 선으로 가르치되 지나치게 높은 것으로 하지 말라. 그로 하여금 따를 수 있게 해야 한다.

攻人之惡, 毋太嚴, 要思其堪受. 教人以善, 毋過高, 當使其可從.

024

▶ 굼벵이는 매우 더럽지만 변하여 매미가 되어 가을바람에 맑은 이슬을 마시고, 썩은 풀은 빛이 없지만 변하여 반딧불이 되어 여름 달밤에 빛을 낸다. 그러므로 깨끗함은 항상 더러움에서 나오고, 밝음은 늘 어두움에서 나온다는 것을 알아야 할 것이다.

糞蟲至穢, 變爲蟬而飮露於秋風. 腐草無光, 化爲螢而耀采於夏月. 固知潔常自汚出, 明每從晦生也.

025

▶ 뽐내고 오만한 것은 객기 아닌 것이 없으니, 객기를 누른 뒤에야 정기가 피어날 것이다. 욕망과 의식은 모두 망령된 마음에 속하니, 망령된 마음을 없앤 뒤에야 진심이 나타난다.

정기(正氣) : 바른 기풍.

矜高倨傲, 無非客氣, 降伏得客氣下, 而後正氣伸. 情欲意識, 盡屬
妄心, 消殺得妄心盡, 而後眞心現.

026

▶ 배부른 뒤에 음식의 맛을 생각하면 맛이 있고 없음의 구별이 사라지고, 성욕이 충족된 후에 음욕을 생각하면 이성에 대한 생각이 싹 가셔 버리게 된다. 그러므로 사람이 항상 일이 끝난 뒤에 뉘우칠 것을 헤아림으로써 일 앞의 어리석음을 깨뜨리면, 본성이 안정되어 움직임에 바르지 않은 것이 없을 것이다.

음욕(淫慾) : 음란하고 방탕한 욕심.

飽後思味, 則濃淡之境都消, 色後思婬, 則男女之見盡絶. 故
人常以事後之悔悟, 破臨事之癡迷, 則性定而動無不正.

027

▶ 높은 관직에 있어도 초야에 은거하여 명예와 이익을 구하지 않는 은자의 고결한 풍취를 가져야 하고, 초야에 은거하면서도 모름지기 국가를 다스리는 포부를 지녀야 한다.

은자(隱者) : 벼슬을 하지 않고 숨어서 사는 사람.

居軒冕之中, 不可無山林的氣味. 處林泉之下, 須要懷廊廟的經綸.

028

▶ 세상에 살아감에 있어서 반드시 공적을 바라지 말라. 허물이 없으면 그것이 바로 공적이다. 남에게 베풀되 베푼 은덕에 감동하기를 바라지 말라. 원망을 듣지 않고 사는 것이 바로 은덕이다.

處世不必邀功. 無過便是功. 與人不求感德. 無怨便是德.

029

▶ 세심하고 근면한 것이 미덕이 분명하지만, 과도하게 있는 힘을 다하면 마음이 즐겁고 상쾌하게 할 수 없으며, 담백하다는 것은 고상한 기풍이지만 지나치게 인정이 메마르면 남을 돕고 세상을 이롭게 할 수 없다.

憂勤是美德, 太苦則無以適性怡情. 澹泊是高風 太枯則無以濟人利物.

21

030

▶ 일이 막히고 세력이 약해진 사람은 마땅히 처음 시작했을 때의 마음을 돌이켜 보아야 하고, 공을 이루어 만족한 사람은 그 말로에 닥칠 어려움을 살펴야 한다.

事窮勢蹙之人, 當原其初心. 功成行滿之士, 要觀其末路.

031

▶ 부귀한 집은 관대하고 후덕해야 하거늘 오히려 시기하고 각박하게 군다면, 이것은 부귀하면서도 가난하고 천한 자의 행실을 하는 것이니, 어찌 오래 복을 누리겠는가. 총명한 사람은 그 재주를 거두어서 감추어야 하거늘, 오히려 드러내서 자랑한다면, 이것은 총명하면서도 어리석고 어두운 것이 그 병폐이니, 어찌 실패하지 않을 수 있겠는가.

富貴家宜寬厚, 而反忌刻, 是富貴而貧賤其行矣, 如何能亨. 聰明人宜斂藏, 而反炫耀, 是聰明而愚懵其病矣, 如何不敗.

032

▶ 낮은 데에 살아본 후에야 높은 데 오름이 위태롭다는 것을 알게 되고, 어두운 곳에 있어봐야 밝은 데 나가 눈이 부신 줄 알며, 고요함을 지켜본 후에야 움직이기 좋아함이 부

질없다는 것을 알게 되고, 침묵을 지켜보아야 말 많음이 시끄러운 줄 알게 된다.

居卑而後知登高之爲危, 處晦而後知向明之太露. 守靜而後知好動之過勞, 養黙而後知多言之爲躁.

033

▶ 공명과 부귀를 바라는 마음을 털어내야만 평범함을 벗어날 수 있고, 도덕과 인의의 마음을 놓아버려야 비로소 성인의 경지에 들어가게 된다.

放得功名富貴之心下, 便可脫凡. 放得道德仁義之心下, 纔可入聖.

034

▶ 이익과 욕심이 모두 마음을 해치는 것은 아니다. 자신만이 옳다고 생각하는 독선이야말로 바로 마음을 해치는 벌레요 도적이다. 음악과 성욕이 반드시 도를 가로막는 것이 아니라 총명하다고 잘난 체하는 것이 도를 막는 걸림돌이 된다.

利欲未盡害心, 意見乃害心之蟊賊. 聲色未必障道, 聰明乃障道之藩屏.

035

▶ 인정은 변하기 쉽고 세상살이는 험난하고 고생스럽다. 쉽게 갈 수 없는 곳에서는 모름지기 한 걸음 뒤로 물러서는 법을 알아야 하고, 쉽게 갈 수 있는 곳이라도 조금씩 양보하는 정도의 공덕을 더해야 한다.

人情反復, 世路崎嶇. 行不去處, 須知退一步之法, 行得去處, 務加讓三分之功.

036

▶ 소인을 대할 때 엄격하게 하는 것이 어려운 것이 아니라 미워하지 않기가 어려우며, 군자를 대할 때에는 공손하기는 어렵지 않으나 예를 바르게 갖추기가 어렵다.

待小人, 不難於嚴, 而難於不惡. 待君子, 不難於恭, 而難於有體.

037

▶ 차라리 소박을 지키고 총명을 물리침으로써 어느 정도의 정기를 남겨 천지에 돌리게 하라. 차라리 화려함을 사양하고 담박함을 달게 여김으로써 깨끗한 이름을 온 세상에 남기도록 하라.

寧守渾噩而黜聰明, 留些正氣還天地. 寧謝紛華而甘澹泊, 遺個淸名在乾坤.

038

▶ 악귀를 항복시키기 위해서는 먼저 제 마음의 항복을 받으라. 마음이 항복하면 모든 악귀가 물러난다. 횡포의 마음을 제어하려는 사람은 먼저 마음속의 객기를 제어하라. 객기가 평정되면 밖으로부터 횡포의 마음이 침입하지 못할 것이다.

降魔者, 先降自心, 心伏, 則群魔退聽. 馭橫者, 先馭此氣, 氣平, 則外橫不侵.

039

▶ 제자를 가르치는 것은 마치 규중처녀를 기르듯이 하여 출입을 엄하게 하고, 친구 사귐을 삼가도록 하여야 한다. 만일 한번 나쁜 사람과 접촉하게 되면 이는 곧 깨끗한 밭에 더러운 씨를 뿌리는 것과 같아서 평생 좋은 곡식을 심기가 어렵게 된다.

敎弟子, 如養閨女, 最要嚴出入, 謹交遊. 若一接近匪人, 是淸淨田中, 下一不淨種子. 便終身難植嘉禾矣.

040

▶ 욕망에 관한 일은 그 이로움을 즐겨 잠시라도 손을 대서는 안 되니, 한번 손을 대고 나면 곧장 만 길 구렁텅이로 빠져들게 된다. 의리에 관한 일은 그 어려움을 꺼리어 조금이라도 뒤로 물러서지 말라. 한번 물러서면 의리와 완전히 동떨어지게 된다.

欲路上事, 毋樂其便而姑爲染指, 一染指, 便深入萬仞. 理路上事, 毋憚其難而稍爲退步, 一退步, 便遠隔千山.

041

▶ 마음이 후한 사람은 자신에게도 후하고 다른 사람에게도 또한 후하여 곳곳을 모두 후하게 한다. 그러나 마음이 야박한 사람은 자신에게도 야박하고 남에게도 야박하여 일마다 야박하게 한다. 그러므로 군자는 평상시의 기호를 지나치게 짙고 화려하게 하여도 안 되며, 또한 너무 야박하여 쓸쓸하게 하여도 안 된다.

기호(嗜好) : 즐기고 좋아함.

念頭濃者, 自待厚, 待人亦厚, 處處皆濃. 念頭淡者, 自待薄, 待人亦薄, 事事皆淡. 故君子居常嗜好, 不可太濃艶, 亦不可太枯寂.

042

▶ 상대가 부를 가지고 내세운다면 나는 인(仁)을 가지고 대할 것이며, 상대가 벼슬을 가지고 내세운다면 나는 의(義)를 가지고 대할 것이다. 그러므로 군자는 본디 군주나 재상에게 농락당하지 않는다. 사람이 혼신의 힘을 기울이면 하늘도 이길 수 있고, 뜻을 하나로 모으면 기질도 변화시킬 수 있다. 그러므로 군자는 조물주가 만들어 놓은 틀 속에 갇히지 않는다.

彼富我仁, 彼爵我義, 君子固不爲君相所牢籠. 人定勝天, 志一動氣, 君子亦不受造物之陶鑄.

043

▶ 사회생활을 할 때에 한 걸음 높이 세우지 않으면 먼지 속에서 옷을 털고 흙탕 물 속에서 발을 씻는 것과 같으니 어떻게 남보다 뛰어나 목표를 이룰 수 있겠는가. 세상을 살아감에 한 걸음 물러서지 않으면 부나방이 촛불로 날아들고 숫양이 울타리를 들이받는 것과 같으니 어떻게 몸과 마음이 편안할 수 있겠는가.

立身, 不高一步立, 如塵裡振衣, 泥中濯足, 如何超達. 處世, 不退一步處, 如飛蛾投燭, 羝羊觸藩, 如何安樂.

▶ 배우는 사람은 마땅히 정신을 가다듬어 뜻을 한곳으로 모아야한다. 만약 덕을 닦는다면서 뜻을 사업이라든가 공적 또는 명예에만 둔다면 반드시 참된 조예를 얻지 못할 것이며, 글을 읽으면서 시문을 읊조리는 데에만 감흥을 둔다면 결코 깊은 마음까지는 이르지 못할 것이다.

조예(造詣) : 학문 · 기예 따위가 깊은 지경에 이른 정도.

　學者要收拾精神, 并歸一路. 如修德而留意於事功名譽, 必無實詣. 讀書而寄興於吟咏風雅, 定不深心.

▶ 사람마다 누구나 큰 자비심을 지니고 있으니 유마와 백정, 망나니가 서로 마음이 다르지 않으며, 곳곳마다 참된 정취가 깃들어 있으니 화려한 집과 오막살이가 다른 곳이 아니다. 다만 욕망과 욕정에 가리어지고 막히면 지금의 작은 실수가 후에는 상상할 수 없는 큰 차이를 낳게 된다.

유마(維摩) : 석가를 보좌하여 보살 행업을 닦았던 거사.

　人人, 有個大慈悲, 維摩屠劊, 無二心也. 處處, 有種眞趣味, 金屋茅簷, 非兩地也. 只是欲蔽情封, 當面錯過, 使咫尺千里矣.

046

▶ 덕에 쌓고 도를 닦음에는 어느 정도 나무와 돌 같은 확고 부동한 마음을 가져야 하니, 만일 조금이라도 부귀영화를 부러워하는 마음이 생기면 이내 욕망의 세계로 빠져들 것이다. 세상을 구제하고 나라를 다스리는 데는 구름과 물 같은 집착하지 않는 정취가 있어야 하니, 만일 조금이라도 부귀영화에 연연한다면, 바로 위기에 떨어질 것이다.

進德修道, 要個木石的念頭, 若一有欣羨, 便趣欲境. 濟世經邦, 要段雲水的趣味, 若一有貪著, 便墮危機.

047

▶ 착한 사람은 평소의 몸가짐이 온화함은 말할 것도 없거니와 잠자는 동안의 정신까지도 온화한 기운이 배어 있다. 흉악한 사람은 평소의 행동이 사납고 거칠기는 말할 것도 없고, 웃으며 하는 말에도 모두 살벌한 기운이 배어 있다.

吉人, 無論作用安詳, 則夢寐神魂, 無非和氣. 凶人, 無論行事狼戾, 則聲音咲語, 渾是殺機.

▶ 간이 병들면 시력을 잃게 되고, 신장이 병들면 귀가 들리지 않게 된다. 병은 사람이 보지 못하는 데서 생겨 반드시 사람이 모두 보는 곳에 나타난다. 그러므로 군자는 사람들이 남들이 보는 곳에서 죄를 짓지 않으려거든 먼저 남들이 보지 않는 곳에서 죄를 짓지 말아야 한다.

肝受病, 則目不能視, 腎受病, 則耳不能聽. 病受於人所不見, 必發於人所共見. 故君子欲無得罪於昭昭, 先無得罪於冥冥.

▶ 복중에서 일이 적은 것보다 더 큰 복이 없고, 재앙 중에서 마음 쓸 일이 많은 것보다 더 큰 재앙이 없다. 오직 일에 시달려 본 사람만이 일의 적은 것이 복이라는 것을 알고, 오직 마음이 평온한 사람만이 비로소 마음 쓸 일이 많음이 재앙 이란 것을 알 것이다.

福莫福於少事, 禍莫禍於多心. 唯苦事者, 方知少事之爲福. 唯平心者, 始知多心之爲禍.

▶ 태평한 세상을 맞아서는 몸가짐을 바르게 하고 살아야 할

것이고, 어지러운 세상에 놓였을 때는 마땅히 원만하게 살아야 할 것이며, 말세를 당해서는 마땅히 방정함과 원만함을 병행해서 살아야 할 것이다. 선한 사람을 대할 때에는 의당 너그럽게 하여야 하고, 악한 사람을 대할 때에는 의당 엄격하게 하여야 하며, 평범한 사람을 대할 때에는 관대와 엄격을 함께 병용해서 대해야 할 것이다.

處治世, 宜方, 處亂世, 宜圓, 處叔季之世, 當方圓並用. 待善人, 宜寬, 待惡人, 宜嚴, 待庸衆之人, 當寬嚴互存.

051
▶ 내가 남에게 베푼 공이 있으면 생각하지 말아야 하고, 내가 남에게 잘못한 일은 오래도록 잊지 말라. 남이 나에게 베푼 은혜가 있으면 잊지 말아야 하고, 남이 나에게 끼친 원한이 있으면 잊어야 한다.

我有功於人, 不可念, 而過則不可不念. 人有恩於我, 不可忘, 而怨則不可不忘.

052
▶ 은혜를 베푼 사람이 속으로 자신이 남에게 베푸는 것이라 생각하지 않고 밖으로 보답을 바라지 않는다면 한 말의 곡

식일지라도 가히 수만 섬의 곡식을 베푸는 것과 같을 것이
다. 재물로 남을 돕는 사람이 자신이 베푼 것을 따지면서
그것을 보답해 주길 바란다면, 비록 수천 냥을 들였다 하더
라도 한 푼어치 공조차 이루기 어렵다.

施恩者, 內不見己, 外不見人, 則斗粟可當萬鐘之惠. 利物者, 計己
施 責人之報, 雖百鎰難成一文之功.

053
▶ 사람들이 처한 환경을 보면 모든 것을 갖춘 사람도 있고
또 갖추지 못한 사람도 있거늘, 어찌 나 혼자 모든 것을 다
갖추게 할 수 있겠는가. 내 스스로의 마음도 도리에 순응할
때가 있고 그렇지 못할 때가 있거늘, 어찌 다른 사람들 모
두가 도리에 맞게 살기를 바라겠는가. 이것을 참고로 나와
다른 사람을 견주어 가면서 스스로 다스린다면 이 또한 세
상을 살아가는 데 하나의 좋은 방법이 될 것이다.

人之際遇, 有齊有不齊, 而能使己獨齊乎. 己之情理, 有順有不順,
而能使人皆順乎. 以此相觀對治, 亦是一方便法門.

054
▶ 마음이 맑고 깨끗해야 비로소 책을 읽어 옛것을 배울 수

있다. 마음이 깨끗하지 않다면 한 가지 훌륭한 행동을 보아도 이를 훔쳐 사욕을 채우는 데 악용할 것이고, 한 마디 착한 말을 듣고도 이를 빌려다가 자신의 결점을 덮어 감추는 데 쓸 것이다. 이는 적에게 병기를 빌려주고, 도적에게 양식을 주는 것과 같다.

心地乾淨, 方可讀書學古. 不然, 見一善行, 竊以濟私, 聞一善言, 假以覆短. 是 又藉寇兵, 而齎盜糧.

055
▶ 사치스러운 사람은 부유해도 만족을 느끼지 못하니, 어찌 검소한 사람의 가난할지언정 여유 있음만 같을 것인가. 재능 있는 사람은 수고롭되 남의 원망을 사니, 어찌 서투른 이가 한가로이 살면서 천성을 온전히 지키는 것만 같겠는가.

奢者, 富而不足, 何如儉者貧而有餘. 能者, 勞而府怨, 何如拙者逸而全眞.

056
▶ 글을 읽어도 성현의 참모습을 보지 못하면 그저 글자나 베껴 쓰는 하인 밖에 되지 못하고 관직에 있으면서도 백성

을 사랑하지 않으면 관복을 입은 도둑에 지나지 않는다. 학
문을 가르치면서도 몸소 실천하지 않는다면 입으로만 참선
하는 위선자가 될 뿐이요, 업적을 세워도 은덕을 베풀 생각
을 하지 않는다면 그것은 잠시 피었다 지는 꽃처럼 덧없기
만 할 것이다.

讀書不見聖賢, 爲鉛槧傭, 居官不愛子民, 爲衣冠盜. 講學不尙躬
行, 爲口頭禪, 立業不思種德, 爲眼前花.

057

▶ 사람마다 마음속에 한 편의 참된 문장이 있건만, 온전치
못한 낡은 책속의 몇 마디 말 때문에 모두 막혀버리고, 사
람마다 그 가슴속에는 한 가락의 진정한 풍류가 있건만, 세
속의 요염한 가무에 파묻혀 들을 수 없게 된다. 그러므로
배우는 사람은 모름지기 외물에 의한 유혹을 말끔히 쓸어
버리고 본디부터 가지고 있는 것을 찾아야만 비로소 참 문
장의 가치를 누리게 될 것이다.

人心有一部眞文章, 都被殘編斷簡封錮了. 有一部眞鼓吹, 都被妖
歌艶舞湮沒了. 學者須掃除外物, 直覓本來, 纔有個眞受用.

058

▶ 괴로운 마음 가운데 항상 마음을 기쁘게 하는 정취를 얻으며, 뜻대로 되는 때에도 문득 실의의 슬픔이 생겨난다.

苦心中, 常得悅心之趣. 得意時, 便生失意之悲.

059

▶ 부귀와 명예가 도덕으로 인해 얻어진 것은 숲속의 꽃과 같아서 저절로 자라나 무성해 지지만, 공적으로 인해 얻어진 것은 화분이나 화단 속의 꽃과 같아서 이리저리 옮겨지고 흥하고 쇠함이 있을 것이며, 만약 권력으로 얻은 것은 꽃병 속의 꽃과 같아서 뿌리내리지 못하여 금세 시들어 버린다.

富貴名譽, 自道德來者, 如山林中花, 自是舒徐繁衍. 自功業來者, 如盆檻中花, 便有遷徙廢興. 若以權力得者, 如瓶鉢中花, 其根不植, 其萎可立而待矣.

060

▶ 봄이 와서 때가 화창하면 꽃들은 한결 고운 빛을 땅에 피어나고, 새들 또한 아름다운 목소리로 지저귄다. 선비가 다행히 세상에 두각을 나타내고 또 따뜻하게 옷 입고 배불리

먹는 윤택한 생활을 하면서도 좋은 의견을 내고 좋은 일을 행하지 않는다면, 비록 이 세상에 백 년을 산다 해도 마치 하루도 살지 않은 것과 같다.

春至時和, 花尙鋪一段好色, 鳥且囀幾句好音. 士君子, 幸列頭角, 復遇溫飽, 不思立好言, 行好事. 雖是在世百年, 恰似未生一日.

061
▶ 배우는 사람은 일단 두려워하고 삼가는 마음이 있어야 하며, 또 일단의 활달한 멋이 있어야 한다. 만약 몸단속을 엄하게 하고 청렴하려고만 한다면, 이는 쇠락해 가는 가을의 기운만 있을 뿐 소생하는 봄기운이 없는 것이니 어떻게 만물을 자라게 할 수 있겠는가.

學者要有段競業的心思, 又要有段瀟灑的趣味. 若一味斂束淸苦, 是有秋殺無春生, 何以發育萬物.

062
▶ 진정한 청렴에는 청렴하다는 이름이 없으니, 이름을 드날리고자 하는 것은 바로 탐욕스럽기 때문이다. 가장 뛰어난 재주는 별다른 기교가 있는 것이 아니니, 기묘한 재주를 부리는 것은 곧 졸렬하기 때문이다.

眞廉無廉名, 立名者正所以爲貪. 大巧無巧術, 用術者乃所以爲拙.

063

▶ 기울어진 그릇은 가득차면 엎질러지고, 저금통은 비어 있음으로써 온전하다. 그러므로 군자는 차라리 빈 상태에 있을지언정 욕망이 가득 찬 세계에 살지 않으며, 차라리 부족할지언정 완전무결함을 구하지 않는다.

敧器以滿覆, 撲滿以空全. 故君子寧居無不居有, 寧處缺不處完.

064

▶ 명예에 대한 욕심을 뿌리 뽑지 않은 사람은 고관대작을 가벼이 여기고 청빈한 생활을 달갑게 여길지라도 결국에는 명예를 추구하는 욕망에 빠진 것이요, 객기가 아직 사라지지 않은 사람은 비록 은혜를 천하에 베풀어 세상을 이롭게 할지라도 결국은 값없는 재주가 될 뿐이다.

名根未拔者, 縱輕千乘甘一瓢, 總墮塵情. 客氣未融者, 雖澤四海利萬世, 終爲剩技.

065

▶ 마음의 본체가 밝으면 어두운 방안에도 푸른 하늘에 있는 것 같고, 생각이 어둡고 어리석으면 밝은 태양 아래에서도 악마의 마음이 생겨나게 된다.

心體光明, 暗室中有靑天. 念頭暗昧, 白日下生厲鬼.

066

▶ 사람들은 명예가 있고 지위가 있어야만 즐거운 줄만 알고, 명예가 없고 지위가 없는 가운데 참 즐거움이 있다는 것을 알지 못한다. 사람들은 배고프고 추운 것이 근심이 되는 줄로만 알고, 굶주리지 않고 춥지 않은 근심이 더욱 심한 근심인 줄은 알지 못한다.

人知名位爲樂, 不知無名無位之樂爲最眞. 人知饑寒爲憂, 不知不饑不寒之憂爲更甚.

067

▶ 악행을 행한 다음 다른 사람이 알까봐 두려워하는 것은 악행 가운데 아직 선의 길이 있음이요, 착한 일을 행하고 나서 급하게 남이 알아주기를 바란다면 그 선행 속에 이미 악의 뿌리가 있는 것이다.

爲惡而畏人知, 惡中猶有善路. 爲善而急人知, 善處卽是惡根.

068
▶ 하늘이 하는 일은 헤아릴 수 없어서 억눌렀다가는 펴주고
폈다가는 억누르니, 이 모두 영웅을 희롱하고 호걸을 거꾸
러트리는 것이다. 그러나 군자는 역경에 처해 있어도 그것
을 순리로 받아들이고 편안할 때에도 위태로울 때를 생각
하니, 이러한 까닭에 하늘도 군자를 어찌 하지 못하는 것이
다.

天之機緘不測, 抑而伸, 伸而抑, 皆是播弄英雄, 顚倒豪傑處. 君子
只是逆來順受, 居安思危, 天亦無所用其伎倆矣.

069
▶ 성질이 급한 사람은 타오르는 불길과 같아서 무엇이든 만
나기만 하면 태워버리고, 은혜를 베풀 줄 모르는 사람은 얼
음처럼 차가워 닥치는 대로 얼려 죽이며, 앞뒤가 꽉 막힌
사람은 고여 있는 물이나 썩은 나무와도 같아 생기가 없으
니, 이러한 사람들은 큰 공적을 세우고 복을 오래도록 누리
기 어려운 사람들이다.

燥性者火熾, 遇物則焚. 寡恩者氷淸, 逢物必殺. 凝滯固執者, 如死

水腐木, 生機已絶. 俱難建功業而延福祉.

070

▶ 복이란 구한다고 해서 얻을 수 있는 것이 아니니 즐겁고 활기찬 마음을 갖고 살아가는 것으로 복을 부르는 근본으로 삼을 따름이며, 화는 억지로 피할 수 없는 것이니, 남을 해치려는 마음속의 살기를 버려 화를 멀리하는 방법으로 삼을 따름이다.

福不可徼, 養喜神, 以爲召福之本而已. 禍不可避, 去殺機, 以爲遠禍之方而已.

071

▶ 열 마디 말 중에 아홉 마디가 맞아도 반드시 대단하다고 칭찬은 없으면서, 그 중 한 마디라도 맞지 않으면 금세 허물을 탓하는 소리가 사방에서 쏟아진다. 열 가지 계교에서 아홉 가지가 이루어져도 반드시 공을 치하 하지 않으면서, 혹 한 가지만이라도 이루어지지 않으면 비방하는 소리가 벌떼처럼 일어난다. 이것이 군자가 차라리 침묵할지언정 앞장서서 떠들지 않으며, 졸렬할지언정 교묘함을 나타내지 않는 까닭이다.

十語九中, 未必稱奇, 一語不中, 則愆尤騈集. 十謀九成, 未必歸功,
一謀不成, 則訾議叢興. 君子所以寧默毋躁, 寧拙毋巧.

072

▶ 천지의 기운이 운행함에 따뜻한 절기는 만물이 소생하게
하고, 차가운 절기는 만물이 생기를 앗아가 버린다. 사람도
이와 같은 까닭에 냉정한 성품과 차디찬 기질을 지닌 사람
은 받는 복도 희박하다. 오직 온화한 기운과 따뜻한 마음을
지닌 사람은 그에 따라 많은 복을 받고 은택도 역시 오래간
다.

天地之氣, 暖則生, 寒則殺. 故性氣淸冷者, 受享亦凉薄. 唯和氣熱
心之人, 其福亦厚, 其澤亦長.

073

▶ 천리의 길은 매우 넓어서, 여기에 조금이라도 마음이 그
곳으로 다가가면 가슴속이 문득 넓어지고 밝아짐을 느낀
다. 그러나 인간의 욕망의 길은 매우 좁아서, 잠깐이라도
발을 들여놓게 되면 눈앞이 모두 가시덤불이요 진흙탕이
된다.

天理路上甚寬, 稍游心, 胸中便覺廣大宏朗. 人欲路上甚窄, 纔寄
迹, 眼前俱是荊棘泥塗.

074

▶ 한때는 괴롭고 한때는 즐겁던 쓴 맛과 단 맛을 보아 그 괴로움과 즐거움을 다 겪어서 이뤄 낸 복이라야 그 복이 오래가고, 한번 의심해 보고 한번 믿어보고 하면서 이것들을 참작하여 헤아려 본 다음에 이룬 지식이라야 비로소 진실한 것이 된다.

一苦一樂相磨練, 練極而成福者, 其福始久. 一疑一信相參勘, 勘極而成知者, 其知始眞.

075

▶ 사리사욕의 마음은 비어 있지 않으면 안 되나니, 마음이 비어 있으면 정의와 진리가 들어 와서 자리를 잡는다. 정의의 마음은 채우지 않으면 안 되나니, 마음을 채워야 물욕이 침입하지 못할 것이다.

心不可不虛, 虛則義理來居. 心不可不實, 實則物欲不入.

076

▶ 땅이 더러우면 초목이 많이 나지만, 물이 너무 맑으면 항상 물고기가 없는 법이다. 그러므로 군자는 마땅히 때 묻고 더러운 것도 받아들이는 아량을 가져야 한다. 지나치게 결

백만을 좋아하고 혼자서만 행하려는 작은 지조는 갖지 말아야 한다.

地之穢者多生物, 水之淸者常無魚. 故君子當存含垢納汚之量, 不可持好潔獨行之操.

077
▶ 수레를 뒤엎는 사나운 말도 길들이면 부릴 수 있고, 주조할 때 사방으로 튀는 쇳물도 결국엔 틀 속에 부어 그릇을 만들 수 있다. 그러나 우유부단하기만 하고 분발하지 않으면, 평생토록 아무런 진보도 없을 것이다. 백사가 이르기를 '사람이 태어나 신체의 병 많음은 결코 부끄러울 것이 없으나 일생토록 마음의 병을 고칠 줄 모르는 것이 부끄러운 것이다.' 라고 하였으니 참으로 올바른 말이다.

泛駕之馬可就驅馳, 躍冶之金終歸型範. 只一優游不振, 便終身無個進步. 白沙云, 爲人多病未足羞, 一生無病是吾憂. 眞確論也.

078
▶ 사람이 한 번 사사로운 이익을 탐내는 마음이 생기면 문득 굳센 기질도 녹아 유약하게 되고, 지혜 또한 막혀 혼미해지며, 너그러운 마음도 변하여 혹독해지고, 결백한 마음

도 더러움에 물들어 한평생의 인품을 파괴하고 만다. 그러
므로 옛 사람은 탐욕하지 않음을 보배로 삼았으니, 이것이
한세상에서 우뚝 솟아난 까닭이 여기에 있는 것이다.

人只一念貪私, 便銷剛爲柔, 塞智爲昏, 變恩爲慘, 染潔爲汚, 壞了
一生人品. 故 古人以不貪爲寶, 所以度越一世.

079

▶ 눈과 귀로 보고 듣는 것은 바깥에서 침입해 온 도적이고,
마음에 갖고 있는 욕망과 의식은 내부의 도적이 된다. 오직
마음의 주인이 본마음이 맑게 깨어 어둡지 않게 하고, 다른
사물에 미혹되지 않고 중심에 확고히 자리 잡고 있으면 도
적이 감화 되어 한 집안 식구가 될 것이다.

耳目見聞爲外賊, 情欲意識爲內賊. 只是主人翁惺惺不昧, 獨坐中
堂, 賊便化爲家人矣.

080

▶ 아직 이루지 못한 공을 도모하는 것은 이미 이루어 놓은
일을 보전함만 같지 못하고, 지난날의 허물을 뉘우치는 것
은 앞으로 다가올 잘못을 미리 대비하는 것만 못하다.

圖未就之功, 不如保已成之業. 悔旣往之失, 不如防將來之非.

081

▶ 사람의 기상은 높고도 넓어야 하나 엉성하거나 거칠어서
는 안 되고, 마음가짐은 치밀해야 하나 좀스럽게 굴지는 말
아야 하며, 삶의 정취는 맑고 깨끗해야 하나 무미건조해서
는 안 되고, 지조를 지킴은 엄격하고 분명해야 하나 지나치
게 과격해서는 안 된다.

氣象要高曠, 而不可疎狂, 心思要縝密, 而不可瑣屑. 趣味要沖淡,
而不可偏枯, 操守要嚴明, 而不可激烈.

082

▶ 바람이 성긴 대숲에 불어 왔다가 지나간 뒤에 대나무는
소리를 남겨 두지 않고, 기러기 떼가 차가운 연못을 날아
지나간 뒤에 연못에는 그림자도 남지 않는다. 그러므로 군
자는 일이 생겨야 마음이 비로소 나타나고, 일이 끝나고 나
면 그에 따라 마음도 비워진다.

風來疎竹, 風過而竹不留聲, 雁度寒潭, 雁去而潭不留影. 故君子事
來而心始現, 事去而心隨空.

083

▶ 마음이 맑고 깨끗하면서도 남을 포용할 줄 알고, 마음이 어질면서도 일에 대해서는 과감한 결단을 잘 내리며, 지혜가 총명하면서 지나치게 살피지 않고, 행동은 강직하면서도 지나치게 따지지 않아야 한다. 이는 말하자면 꿀을 발라도 달지 않고 해산물이 지나치게 짜지 않은 것과 같으니, 이것이야 말로 바로 아름다운 덕이 될 것이다.

淸能有容, 仁能善斷, 明不傷察, 直不過矯. 是謂蜜餞不甛, 海味不鹹, 纔是懿德.

084

▶ 가난한 집도 깨끗하게 청소하고 가난한 집 여자도 단정하게 머리를 빗으면 그 모습이 비록 화려하지는 못할지라도 기품은 저절로 고상하고 우아하다. 그러하니 선비가 잠시 곤궁하여 근심에 싸이고 실의에 빠졌다 할지라도, 어찌 곧바로 자포자기 하겠는가.

貧家淨拂地, 貧女淨梳頭, 景色雖不艶麗, 氣度自是風雅. 士君子一當窮愁寥落, 奈何輒自廢弛哉.

▶ 한가할 때에 헛되이 시간을 보내지 않으면 바쁠 때에 쓸모가 있고, 고요할 때에 마음이 가라앉지 않으면 움직일 때에 도움이 될 수 있으며, 어두운 곳에서 속이거나 숨기지 않으면 밝은 곳에서 떳떳이 행동할 수 있을 것이다.

閒中不放過, 忙處有受用. 靜中不落空, 動處有受用. 暗中不欺隱, 明處有受用.

▶ 불현듯 일어난 생각이 사사로운 욕심으로 치닫고 있음을 깨달으면, 빨리 이끌어 도리의 길로 돌려와야 한다. 어떤 생각이 일어나자 곧 깨닫고 깨닫게 되자마자 즉시 방향을 돌려야 한다. 이것이 곧 재앙을 돌려 복으로 만들고 죽음에서 불러일으켜 삶으로 돌리는 고비인데, 진실로 가볍게 지나쳐서는 안 된다.

念頭起處, 纔覺向欲路上去, 便挽從理路上來. 一起便覺, 一覺便轉. 此是轉禍爲福, 起死回生的關頭, 切莫輕易放過.

▶ 고요한 가운데 생각이 맑으면 마음의 참모습을 볼 수 있

으며, 한가한 가운데 기상이 차분하면 마음의 현묘한 이치를 알게 될 것이다. 담박한 가운데 취향이 평온하면 마음의 참 맛을 얻게 된다. 마음을 관찰하고 도를 터득하는 데에는 이 세 가지보다 나은 것이 없다.

靜中念慮澄徹, 見心之眞體. 閒中氣象從容, 識心之眞機. 淡中意趣沖夷, 得心之眞味. 觀心證道, 無如此三者.

088

▶ 고요한 환경 속에서 고요한 마음을 견지하는 것은 진정한 고요함이 아니다. 소란스런 환경 속에서 고요한 마음을 지켜야 본성의 참 경지에 이른 것이다. 즐거움 속에서의 즐거움을 얻는 것은 참다운 즐거움이 아니니, 괴로움 속에서 즐거움을 얻을 수 있어야만 비로소 마음의 현묘한 이치를 볼 수 있을 것이다.

靜中靜非眞靜, 動處靜得來, 纔是性天之眞境. 樂處樂非眞樂, 苦中樂得來, 纔見心體之眞機.

089

▶ 자기 자신을 희생하려거든 그 일에 의심을 하지 말라. 만약 의심을 품는다면 애초에 자신을 던져 일하려던 본래의

뜻에 부끄럽게 된다. 어차피 남에게 은혜를 베풀었거든 그 보답을 구하지 말라. 만약 보답을 구한다면 은혜를 베푼 선한 마음이 모두 위선이 된다.

舍己毋處其疑, 處其疑, 卽所舍之志多愧矣. 施人毋責其報, 責其報, 倂所施之心 俱非矣.

090

▶ 하늘이 나에게 복을 적게 준다면 나는 나의 덕을 후하게 하여 적은 복을 맞이할 것이요, 하늘이 내 몸을 수고롭게 한다면 나는 내 마음을 편안하게 함으로써 이를 도울 것이며, 하늘이 나에게 처지를 곤궁하게 한다면 나는 내 도를 형통케 함으로써 이를 뚫고 나갈 것이다. 그리하면 하늘인들 나를 어찌하겠는가.

天薄我以福, 吾厚吾德以迓之. 天勞我以形, 吾逸吾心以補之. 天阨我以遇, 吾 亨吾道以通之. 天且我奈何哉.

091

▶ 곧은 선비에게는 자신을 위해 복을 구하는 마음이 없는지라 하늘이 곧 그 바라는 마음 없는 곳을 찾아가서 그 속마음을 이끌어 준다. 간사한 사람은 재앙을 피하려고만 애쓰

는지라 하늘이 곧 그 애쓰는 마음속으로 뛰어들어 그의 넋을 빼앗아 버린다. 이로써 하늘의 기미와 권능이 얼마나 신묘한가를 볼 수 있다. 사람의 지혜나 기교가 무슨 소용이 있겠는가.

貞士無心徼福, 天卽就無心處牖其衷. 憸人著意避禍, 天卽就著意中奪其魄. 可見天之機權最神, 人之智巧何益.

092

▶ 기생일지라도 늘그막에 남편을 만나면, 지난날 분 냄새를 풍기던 생활도 장애가 되지 않는다. 정숙한 부인이더라도 백발이 된 후에 정조를 잃으면 반생의 깨끗한 정절이 모두 허사가 되고 만다. 옛말에 '사람을 보려면 다만 그 사람의 후반생을 보라'고 했으니, 참으로 명언이로다.

聲妓晩景從良, 一世之胭花無碍. 貞婦白頭失守, 半生之淸苦俱非. 語云, '看人只看後半截,' 眞名言也.

093

▶ 평민이라 할지라도 기꺼이 덕을 쌓고 은혜를 베푼다면 벼슬 없는 재상이 되고, 사대부라 하더라도 한갓 권세를 탐하고 총애를 판다면 마침내 벼슬 있는 거지가 되는 것이다.

平民肯種德施惠, 便是無位的公相. 士夫徒貪權市寵, 竟成有爵的
乞人.

094
▶ 무엇이 조상의 은덕인가 묻는다면, 내가 세상을 살며 누리는 모든 것이 바로 그것이니, 마땅히 그 은덕 쌓아 올리기 어려웠던 점을 생각할 것이요, 무엇이 자손의 받을 복인가 묻는다면 내 몸이 끼친 것이 그것이니, 복을 뒤엎이는 것의 쉬움을 생각해야 한다.

問祖宗之德澤, 吾身所享者是, 當念其積累之難. 問子孫之福祉, 吾身所貽者是, 要思其傾覆之易.

095
▶ 군자이면서 위선적인 행동을 하는 것은 소인이 나쁜 일을 일삼는 것과 다름없으며, 군자로서 절개를 바꾸는 것은 소인이 스스로 제 잘못을 고치는 것만도 못하다.

君子而許善, 無異小人之肆惡. 君子而改節, 不及小人之自新.

096

▶ 집안 사람에게 잘못이 있을 때 지나치게 화를 내서도 안 되고, 또 가볍게 내버려 두어서도 안 된다. 그 잘못한 일에 직접 지적하기 어렵거든 다른 일을 빌려 은근히 타이르고, 오늘 깨닫지 못하거든 훗날을 기다려 다시 깨우쳐 주어야 한다. 마치 봄바람이 언 땅을 녹이고 따스한 기운이 얼음을 녹이듯이 하여야만 비로소 가정을 화목하게 하는 방법이다.

家人有過, 不宜暴怒, 不宜輕棄. 此事難言, 借他事隱諷之. 今日不悟, 俟來日再警之. 如春風解凍, 如和氣消氷, 纔是家庭的型範.

097

▶ 자기 마음을 살펴 늘 원만함을 얻을 수 있다면 온 세상이 저절로 결함이 없는 세계가 될 것이고, 자기 마음을 항상 너그럽고 평온하게 놓아둘 수 있다면 온 세상에 저절로 사악한 인정이 없어질 것이다.

此心常看得圓滿, 天下自無缺陷之世界. 此心常放得寬平, 天下自無險側之人情.

098

▶ 청렴하고 담박한 선비는 반드시 호화로운 것을 좋아하는 사람의 의심을 받게 되고, 행동이 바르고 조심성 있고 엄격한 사람은 반드시 거리낌 없이 제멋대로 행동하는 사람들의 시기를 받게 된다. 군자는 이러한 상황에 처해 있을 때에 조금이라도 그 지조를 바꾸지 말아야 하며, 또한 지나치게 자기 주장을 드러내지도 말아야 한다.

澹泊之士, 必爲濃艷者所疑, 檢飭之人, 多爲放肆者所忌. 君子處此, 固不可少變其操履, 亦不可太露其鋒芒.

099

▶ 일이 뜻대로 되지 않는 불우한 처지에서는 주위의 모든 것이 나를 단련시키는 좋은 침이고 약인지라 자신도 모르게 지조와 품행이 닦여진다. 일이 뜻대로 되어 순조롭게 될 때에는 눈앞의 모든 것이 나를 해치는 칼과 창이 되어, 명치 끝을 후비고 뼈를 깎아도 알지 못한다.

居逆境中, 周身皆鍼砭藥石, 砥節礪行而不覺. 處順境內, 眼前盡兵刃戈矛, 銷膏靡骨而不知.

▶ 부귀한 집안에서 성장한 사람은 욕심을 내는 것이 사나운 불길 같고, 그 권세는 사나운 불꽃과도 같으니, 만약 조금이라도 맑고 서늘한 기미를 띠지 않는다면, 그 불꽃이 다른 사람을 태우기까지 이르지는 않는다 하더라도 반드시 자신을 태워 자멸하게 될 것이다.

生長富貴叢中的, 嗜欲如猛火, 權勢似烈焰. 若不帶些淸冷氣味, 其火焰不至焚人, 必將自爍矣.

▶ 사람의 마음이 한결같이 진실하면 오뉴월에도 서리를 내리게 할 수 있고, 견고한 성곽도 무너뜨릴 수도 있으며, 단단한 쇠와 돌도 뚫을 수 있다. 하지만 거짓과 위선으로 가득 찬 사람은 형체만 헛되이 갖추었을 뿐 사람됨은 이미 없어졌으니, 사람을 대하면 그 얼굴이 밉살스럽고, 혼자 있으면 제 모습과 그림자조차도 스스로 부끄러움을 느낀다.

人心 一眞, 便霜可飛, 城可隕, 金石可貫. 若僞妄之人, 形骸徒具, 眞宰已亡, 對人則面目可憎, 獨居則形影自媿.

102

▶ 문장이 극치에 다다르면, 별다른 기발함이 있는 것이 아니라 그저 쓰고자 하는 내용에 꼭 알맞게 할 뿐이며, 최고의 인품은 남다른 특이함이 있는 것이 아니라 다만 본연의 모습 그대로일 뿐이다.

文章做到極處, 無有他奇, 只是恰好. 人品做到極處, 無有他異, 只是本然.

103

▶ 이 세상 모든 것을 환상으로 본다면 공명과 부귀는 말할 것도 없고 인간의 몸뚱이도 임시로 빌려 가진 형체일 뿐 자기 것이라 할 수 없지만, 이 세상 모든 것을 참된 경지로 본다면 부모형제는 말할 것도 없고 만물이 모두 나와 일체가 된다. 사람이 능히 일체가 환상임을 간파하고 만물이 나와 일체가 됨을 인식한다면, 비로소 천하를 이끌어 나가는 짐을 맡을 수 있고 또한 세속의 얽매임에서 벗어날 수 있다.

以幻迹言, 無論功名富貴, 卽肢體亦屬委形. 以眞境言, 無論父母兄弟, 卽萬物 皆吾一體. 人能看得破, 認得眞, 纔可任天下之負擔, 亦可脫世間之韁鎖.

104

▶ 입에 맛있는 음식은 모두 창자를 해치고 뼈를 썩게 하는 독약이니, 반쯤 먹고 그치면 곧 재앙이 없을 것이다. 마음을 기쁘게 하는 일은 모두 몸을 망치고 덕을 잃게 하는 매체이니 지나치게 유쾌함에 빠져들지 않아야 후회가 없을 것이다.

爽口之味, 皆爛腸腐骨之藥, 五分便無殃. 快心之事, 悉敗身喪德之媒, 五分便無悔.

105

▶ 남의 사소한 잘못을 책하지 말며, 남의 사사로운 비밀을 드러내지 말며, 남이 과거에 저질렀던 잘못을 생각하지 말아야 한다. 이 세 가지는 나의 덕을 기를 수 있으며, 또한 해로움을 멀리할 수 있다.

不責人小過, 不發人陰私, 不念人舊惡. 三者可以養德, 亦可以遠害.

106

▶ 선비는 몸가짐을 가벼이 하지 말아야 한다. 경솔하게 행동하면 사물이 내 마음을 들뜨게 하여 느긋하고 침착한 멋

이 없어진다. 또한 선비는 마음 씀씀이를 무겁게 하지 말아야 한다. 무겁게 하면 자신이 사물에 얽매어져서 시원스럽고 활발한 기운을 잃게 된다.

士君子持身不可輕, 輕則物能撓我, 而無悠閒鎭定之趣. 用意不可重, 重則我爲物泥, 而無瀟洒活潑之機.

107
▶ 천지는 영원하나, 이 몸은 두 번 얻지 못하며, 인생은 단지 백 년인데 시간은 왜 그리도 빨리 지나가는가. 다행히도 그 사이에 태어난 몸이니 삶을 누리는 즐거움을 몰라서는 안 되며, 또한 인생의 즐거움을 깨닫고 허송세월을 해서는 안 된다.

天地有萬古, 此身不再得, 人生只百年, 此日最易過. 幸生其間者, 不可不知有生之樂, 亦不可不懷虛生之憂.

108
▶ 원망이란 은덕이 한쪽으로만 베풀어졌기 때문에 생기는 것이니 남들이 나의 은덕에 감사하기를 바라기보다 은덕과 원망을 모두 담아두지 않게 하는 것이 낫다. 원수란 은혜를 골고루 베풀지 못했기 때문에 생기는 것이니, 남들로 하여

금 나의 은혜를 알게 하기보다 은혜와 원수를 모두 없애는 것이 낫다.

怨因德彰, 故使人德我, 不若德怨之兩忘. 仇因恩立, 故使人知恩, 不若恩仇之俱泯.

109

▶ 늙어서 생기는 병은 모두 젊었을 때에 몸을 제대로 돌보지 않아 불러들인 것이고, 집안이 쇠퇴한 뒤에 오는 재앙은 모두 번성했을 때에 도덕수양을 제대로 못하여 초래한 것이다. 그런 까닭에 군자는 가득 찼을 때 기울 것을 근심하여 더욱 삼가고 조심한다.

老來疾病, 都是壯時招的, 衰後罪孽, 都是盛時作的. 故持盈履滿, 君子尤競競焉.

110

▶ 사사로운 은혜를 남에게 베푸는 것보다 뭇 사람들의 공론을 지키는 것이 낫고, 새로운 친구를 사귀는 것은 옛 친구와의 우정을 돈독히 하는 것만 같지 못하며, 영화로운 이름을 세우는 것이 숨은 공덕을 심는 것만 같지 못하며, 기이한 절의를 떠받드는 것이 평소의 행동에 허물이 없게끔 조

심하는 것만 같지 못하다.

市私恩, 不如扶公議, 結新知, 不如敦舊好. 立榮名, 不如種隱德,
尙奇節, 不如謹庸行.

111
▶ 공명정대한 논의에는 사사로운 이익 때문에 반대해서는
안 되니, 만일 한 번 범하면 부끄러움을 만세에 남길 것이
다. 권문세가의 사사로운 소굴에 발을 들여놓아서는 안 되
니, 한 번 발을 들여놓으면 평생토록 씻지 못할 오점을 남
기게 된다.

公平正論, 不可犯手, 一犯, 則貽羞萬世. 權門私竇, 不可著脚, 一
著, 則點汚終身.

112
▶ 자신의 뜻을 굽혀서 다른 사람으로 하여금 기쁘게 하는
것은, 자신의 행실을 올곧게 하여 남의 미움을 받는 것이
낫다. 별로 잘한 일도 없이 남의 칭찬을 받느니 차라리 아
무 잘못 없는 채로 남에게 흉잡히는 것이 낫다.

曲意而使人喜, 不若直躬而使人忌. 無善而致人譽, 不若無惡而致

人毁.

113

▸ 부모형제의 변고는 침착하게 처리해야 하니 감정이 북받쳐 일을 그르쳐서는 안 된다. 친구의 과실을 보면 마땅히 알아듣도록 충고할 일이요, 결코 주저해서는 안 된다.

處父兄骨肉之變, 宜從容, 不宜激烈. 遇朋友交遊之失, 宜剴切, 不宜優游.

114

▸ 작은 일을 하더라도 빈틈이 없게 하고, 남이 보지 않는 곳에서도 속이거나 숨기지 않으며, 일이 실패했더라도 나태하거나 포기하지 않으면 그런 사람이야말로 진정한 영웅이다.

小處不滲漏, 暗中不欺隱. 末路不怠荒, 纔是個眞正英雄.

115

▸ 천금으로도 상대방에게 잠시의 환심조차 얻기 어려울 때가 있는가 하면, 한 끼 식사 대접만으로도 평생 동안 감격하게 만든다. 대체로 사랑이 지나치면 도리어 원한이 되고,

작은 은혜가 도리어 큰 즐거움이 되기도 한다.

千金難結一時之歡, 一飯竟致終身感. 蓋愛重反爲仇, 薄極翻成喜也.

116

▶ 뛰어난 재주를 갖고 있더라도 서툰 것처럼 행동하고, 지혜롭고 총명하더라도 그것을 드러내 자랑하지 않으며, 청렴결백하더라도 세상과 원만하게 어울리고, 한 걸음 물러서는 것으로 나아갈 발판을 삼는 것은, 진실로 세상의 거친 파도를 건너는 데 있어 천금값어치의 표주박과 같은, 그리고 몸을 보호하는 세 개의 굴이 된다.

藏巧於拙, 用晦而明, 寓淸于濁, 以屈爲伸. 眞涉世之一壺, 藏身之三窟也.

117

▶ 쇠하여 쓸쓸하게 될 모습은 한창 왕성하여 충만한 가운데 있고, 앞으로 자라나는 움직임은 영락 가운데 있다. 그러므로 군자는 편안할 때에 마땅히 조심하여 앞으로 있을 근심을 염려해야 하고, 변고에 처하게 되면 마땅히 백 번을 참는 마음을 굳게 함으로써 성공을 도모해야 한다.

영락(零落) : 세력이나 살림이 줄어서 아주 보잘 것 없이 됨.

衰颯的景象, 就在盛滿中, 發生的機緘, 即在零落內. 故君子居安宜操一心以慮患, 處變當壁百忍以圖成.

118

▶ 신기한 것을 경탄하고 이상한 것을 보고 즐거워하는 사람에게는 원대한 식견이 없고, 지나치게 절의에 집착하고 특별한 행동을 고집하는 사람은 변함없는 지조를 지니지 못한다.

驚奇喜異者, 無遠大之識. 苦節獨行者, 非恒久操.

119

▶ 분노의 불길과 욕망의 물결이 마구 타오르고 끓어오를 때, 이것이 분명 옳지 않다는 것을 알면서도 도리어 버젓이 범하고야 만다. 이것을 알아차리는 것은 누구이며 억제하는 사람은 누구인가? 이러한 때 굳세게 마음을 돌이킬 수만 있다면 사악한 마귀가 변하여 참 마음으로 돌아갈 것이다.

當怒火慾水正騰沸處, 明明知得, 又明明犯著. 知的是誰, 犯的又是誰? 此處能猛然轉念, 邪魔便爲眞君矣.

120

▶ 한쪽 편의 말만을 믿음으로써 간사한 사람에게 속지 말아야 하며, 자신의 힘을 과신하여 객기를 부리지 말 것이며, 자신의 장점을 나타내기 위해 남의 단점을 드러내지 말며, 자기가 졸렬하다고 남의 유능함을 시기하지 말라.

毋偏信而爲奸所欺. 毋自任而爲氣所使. 毋以己之長而形人之短. 毋以己之拙而忌人之能.

121

▶ 상대방의 단점은 간곡히 감싸 주어야 한다. 만일 이를 드러내서 세상에 알린다면 이는 자기의 단점으로써 남의 단점을 공격하는 것이 된다. 남에게 완고함이 있으면 잘 타일러 깨닫게 해주어야 한다. 만일 성을 내고 이를 미워한다면 이는 자기의 완고함으로써 남의 완고함을 조장하는 것이다.

人之短處, 要曲爲彌縫, 如暴而揚之, 是以短攻短. 人有頑的, 要善爲化誨, 如忿而疾之, 是以頑濟頑.

122

▶ 음흉스럽게 말이 없는 선비를 만나거든 마음을 털어놓아서는 안 된다. 상대방의 속마음을 알기 어려운 까닭이다. 성을 잘 내고 잘난 체하는 사람을 대할 때에는 말을 삼가야 한다. 주고받은 말을 누설하여 해가 되기 때문이다.

遇沈沈不語之士, 且莫輸心. 見悻悻自好之人, 應須防口.

123

▶ 마음이 어둡고 흐트러질 때에는 정신을 가다듬을 줄 알아야 하며, 마음이 긴장되어 굳어졌을 때는 풀어버릴 줄 알아야한다. 그렇지 않으면 어리석고 혼미한 병폐는 없어질지 모르나 뒤숭숭하고 어수선한 혼란이 또다시 병들까 두렵다.

念頭昏散處, 要知提醒, 念頭喫緊時, 要知放下. 不然, 恐去昏昏之病, 又來憧憧之擾矣.

124

▶ 맑게 갠 날씨나 푸른 하늘은 별안간 천둥 번개로 변하고, 거센 바람과 억수 같이 쏟아지는 비도 어느새 밝은 달이나 맑은 하늘로 변한다. 대자연의 변화가 언제 조금이라도 멈

춘 적이 있으며, 하늘의 운행이 언제 조금이라도 막힌 적이 있었는가. 사람의 본 마음 바탕도 마땅히 이와 같을 것이다.

霽日靑天, 倏變爲迅雷震電, 疾風怒雨, 倏變爲朗月晴空. 氣機何常一毫凝滯, 太虛何常一毫障塞, 人心之體亦當如是.

125
▶ 사리사욕을 이겨내고 물욕을 억제하는 공부에 있어, 어떤 이는 '그것이 무엇임을 빨리 알지 못하면 억제하기가 쉽지 않다.'고 말하는 사람도 있으며, 혹은 어떤 이는 '이를 알았다 하더라도 참을성이 모자란다.'고 말하는 사람도 있다. 대개 지식이란 악마를 밝혀내는 한 알의 밝은 구슬이요, 억제하는 힘이란 심마를 베어 없애는 한 자루 지혜로운 칼이니, 두 가지 모두 없어서는 안 되는 것이다.

심마(心魔) : 몸과 마음을 어지럽혀 깨달음을 얻는 데 장애가 되는 일.

勝私制欲之功, 有曰識不早, 力不易者, 有曰識得破, 忍不過者. 蓋識是一顆照魔的明珠, 力是一把斬魔的慧劍, 兩不可少也.

126

▶ 남이 나를 속이는 것을 알지라도 말로 나타내지 않고, 남이 자기를 업신여긴다 해도 안색이 변치 않는다면, 이 가운데 무궁한 뜻이 있고, 또 무궁한 효능이 있는 것이다.

覺人之詐, 不形於言, 受人之侮, 不動於色. 此中有無窮意味, 亦有無窮受用.

127

▶ 역경과 곤궁은 호걸을 단련하는 한 벌의 화로와 망치이니, 능히 그 단련을 제대로 받으면 몸과 마음에 함께 이로운 것이지만, 그 단련을 이겨내지 못한다면 몸과 마음이 함께 모두 손해가 된다.

橫逆困窮是煆煉豪傑的一副鍛錘, 能受其煆煉, 則心身交益, 不受其煆煉, 則心身交損.

128

▶ 내 몸은 하나의 작은 우주이니, 기쁨과 성냄으로 허물이 없게 하고, 좋아하고 미워함을 법도 있게 한다면, 이것이 바로 자신의 몸을 조화롭게 다스리는 공부가 될 것이다. 천지는 하나의 거룩한 어버이라, 백성들로 하여금 원망함이

없도록 하고 만물에 재앙이 없도록 한다면, 이 또한 천지만물이 화합하는 기상이다.

吾身一小天地也, 使喜怒不愆, 好惡有則, 便是變理的功夫. 天地一大父母也, 使民無怨咨, 物無氛疹, 亦是敦睦的氣象.

129

▶ '사람을 해치려는 마음은 갖지 말아야 하고, 남이 나를 해치려는 것에 대비하려는 마음이 없어서도 안 된다.'고 하는 말은 생각에 소홀함이 있을까 경계한 것이다. '차라리 남에게 속임을 당할지언정 남이 나를 속일 것이라고 미리 넘겨짚지 말아야 한다.' 하였으니, 이 말은 지나치게 살피다가 정도가 지나침을 경계한 것이다. 이 두 가지 말을 모두 마음에 간직한다면 생각이 밝아지고 덕행이 두터워질 것이다.

害人之心不可有, 防人之心不可無, 此戒疎於慮也. 寧受人之欺, 毋逆人之詐, 此 警傷於察也. 二語竝存, 精明而渾厚矣.

130

▶ 많은 사람들이 의심한다고 해서 자기의 생각을 굽혀서는 안 되고, 자신의 뜻만을 고집해서 다른 사람의 말을 내치지

말아야 한다. 작은 은혜를 사사로이 얽매여 큰 도리를 손상시켜서는 안 되고, 여론을 이용하여 자신의 사사로운 감정을 만족시켜서는 안 된다.

毋困群疑而阻獨見, 毋任己意而廢人言. 毋私小惠而傷大體, 毋借公論以快私情.

131

▶ 착한 사람과 빨리 친해질 수 없거든 미리 그 사람을 칭찬하지 말라. 간사한 사람의 중상이 있을까 두렵다. 간사한 사람이라도 가볍게 버릴 수 없거든 먼저 발설하지 말라. 뜻밖의 재앙을 부를까 두렵다.

善人未能急親, 不宜預揚, 恐來讒譖之奸. 惡人未能輕去, 不宜先發, 恐招媒孼之禍.

132

▶ 청천백일처럼 빛나는 절개와 의리는 어두운 방 한편 구석에서 길러온 것이고, 천하를 움직이는 빼어난 경륜도 깊은 못에 얼어있는 살얼음을 밟는 듯이 조심스럽게 얻어지는 것이다.

靑天白日的節義, 自暗室屋漏中培來. 旋乾轉坤的經綸, 自臨深履
薄處操出.

133

▶ 부모가 자식을 사랑하고 자식은 부모에게 효도하며, 형은
동생을 아끼고 동생은 형을 공경하는 것은 비록 아주 잘 해
내었다 해도, 그것은 모두 마땅히 그렇게 해야 하는 것이므
로 털끝만큼도 감격하는 생각을 가져서는 안 된다. 만일 베
푸는 쪽에서 덕으로 자처하고 받는 쪽에서 은혜로 생각한
다면 이는 길을 오가다 만난 사람과 같으니 곧 이익을 좇는
시정잡배나 하는 짓이다.

父慈子孝, 兄友弟恭, 縱做到極處, 俱是合當如此. 著不得一毫感激
的念頭. 如施者任德, 受者懷恩, 便是路人, 便成市道.

134

▶ 아름다움이 있으면 반드시 추함이 있어 대비가 되니, 내
가 나의 아름다움을 자랑하지 않으면 누가 나를 추하다 할
수 있겠는가. 깨끗함이 있으면 반드시 더러움이 있어 서로
대비를 이루게 되니, 내가 깨끗함을 좋아하지 않으면 누가
나를 더럽다 할 수 있겠는가.

有妍必有醜爲之對, 我不誇妍, 誰能醜我. 有潔必有汚爲之仇, 我不好潔, 誰能汚我.

135

▶ 인정이 변덕스러운 것은 부귀한 사람이 가난한 사람보다 더욱 심하고, 질투하고 시기하는 마음은 골육간이 남남 사이보다 더욱 사납다. 이러한 처지에서 만약 냉철한 마음으로 대하고 평정한 기운으로 조절하지 않는다면, 하루도 번뇌 속에서 헤어나기 어렵게 된다.

炎凉之態, 富貴更甚於貧賤, 妬忌之心, 骨肉尤狼於外人. 此處若不當以冷腸, 御以平氣, 鮮不日坐煩惱障中矣.

136

▶ 공로와 과실은 조금도 혼동하지 말아야 한다. 만일 흐리터분하게 하면 사람들이 나태한 마음을 품는다. 은혜와 원한은 너무 분명히 구분 짓지 말아야 한다. 지나치게 구분하면 사람들이 배반하고 의심하는 마음을 일으킨다.

功過不容少混, 混則人懷惰墮之心. 恩仇不可大明, 明則人起携貳之志.

▸ 벼슬자리는 마땅히 너무 높지 말아야 할 것이니 너무 높으면 곧 위태롭다. 자신의 특별한 재능은 다 드러내지 말아야 하니, 다 드러내놓게 되면 곧 곤궁한 지경에 빠지게 되는 까닭이다. 행실은 너무 고상하게 해서는 안 되니, 너무 고상하면 남들의 빈축을 사기 때문이다.

爵位不宜太盛, 太盛則危. 能事不宜盡畢, 盡畢則衰. 行誼不宜過高, 過高則謗興而毀來.

138

▸ 악은 그늘에 숨어 있기를 싫어하고, 선은 햇볕에 나타나기를 싫어한다. 그러므로 드러난 악은 화가 적고 숨은 악은 화가 깊으며, 드러난 선은 공이 작고 숨겨진 선은 공이 크다.

惡忌陰, 善忌陽. 故惡之顯者禍淺, 而隱者禍深, 善之顯者功小, 而隱者功大.

139

▸ 덕은 재능의 주인이고 재능은 덕의 하인이다. 재능은 있

으면서 덕이 없다면 마치 집에 주인이 없고 하인들이 마음
대로 살림살이를 꾸려가는 것과 같으니, 어찌 도깨비처럼
제멋대로 날뛰지 않겠는가.

德者才之主, 才者德之奴. 有才無德, 如家無主而奴用事矣. 幾何不
魍魎而猖狂.

140

▶ 간악한 무리를 제거하고 아첨하는 무리를 막으려면 먼저
도망갈 수 있는 길을 터주어야 한다. 만약 한 군데도 몸 둘
곳이 없게 하면 이는 마치 쥐구멍을 막는 것과 같으니, 달
아날 길을 모두 막아 버리면 좋은 기물을 모두 물어뜯고 깨
뜨릴 것이다.

鋤奸杜倖, 要放他一條去路. 若使之一無所容, 譬如塞鼠穴者, 一切
去路都塞盡, 則一切好物俱咬破矣.

141

▶ 과실에 대한 책임은 다른 사람과 같이 할지언정 공로는
같이하지 말아야 하고, 공로를 같이하면 서로가 시기하게
된다. 어려움은 다른 사람과 함께할지언정 안락은 함께하
지 말아야 하고, 안락을 같이하려 하면 서로 원수가 된다.

當與人同過, 不當與人同功, 同功則相忌. 可與人共患難, 不可與人共安樂, 安樂則相仇.

142

▶ 선비로서 가난하여 재물로써 다른 사람을 구제할 수 없더라도, 다른 사람이 어리석어 방황하는 것을 보게 되면 한마디 말로써 이끌어 깨우쳐 줘야 하고, 다른 사람의 위급함과 어려움을 보게 되면 한마디 말로써 구해주는 것도 또한 헤아릴 수 없는 공덕이다.

士君子, 貧不能濟物者, 遇人癡迷處, 出一言提醒之. 遇人急難處, 出一言解救之, 亦是無量功德.

143

▶ 배고프면 달라붙고, 배부르면 떠나가며, 따뜻하면 몰려들고, 추우면 가버리는 것은 이것이 바로 인정의 공통된 병폐이다.

饑則附, 飽則颺, 煥則趣, 寒則棄, 人情痛患也.

144

▶ 군자는 마땅히 냉철한 안목으로 깨끗이 닦을 것이요, 삼가 굳센 마음을 간직하고 경거망동하지 않아야 한다.

君子宜淨拭冷眼, 愼勿輕動剛腸.

145

▶ 덕은 도량에 따라 증진되고, 도량은 그 사람의 식견으로 말미암아 커진다. 그러므로 자신의 덕을 증진시키고자 하면 그 도량을 넓히지 않을 수 없고, 그 도량을 넓히고자 하면 우선 그 식견을 크게 하지 않을 수 없다.

德隨量進, 量由識長. 故欲厚其德, 不可不弘其量, 欲弘其量, 不可不大其識.

146

▶ 희미한 등잔불이 깜박거리고 삼라만상이 모두 조용한 이때는 우리 인간이 편히 쉴 때다. 새벽에 꿈에서 막 깨어나 만물이 아직 활동하기 전은 혼돈에서 벗어날 때이다. 바로 이때를 틈타서 한마음 빛을 돌이켜 환히 자신을 비춰보면 알 것이니, 이목구비가 모두 질곡이고, 정욕과 기호가 모두 마음을 타락시키는 것일 따름이다.

一燈螢然, 萬籟無聲, 此吾人初入宴寂時也. 曉夢初醒, 群動未起, 此吾人初出混沌處也. 乘此而一念廻光, 炯然返照. 始知耳目口鼻皆桎梏, 而情欲嗜好悉機械矣.

147

▶ 늘 스스로를 반성하는 사람은 부딪치는 일마다 모두 이로운 약이 되고, 남을 탓하는 자는 생각하는 것마다 자신을 해치는 창과 칼이 된다. 하나는 이것으로 모든 선의 길을 열고, 하나는 이것으로 모든 악의 근원을 이루나니, 이 두 가지의 거리는 하늘과 땅처럼 멀다.

反己者, 觸事皆成藥石. 尤人者, 動念卽戈矛. 一以闢衆善之路, 一以濬諸惡之源, 相去霄壤矣.

148

▶ 사업과 문장은 몸을 따라 사라지지만 정신은 만고에 새로우며, 공명과 부귀는 세상이 변함에 따라 바뀌건만 기개와 절조는 천년이 하루 같나니, 군자는 진실로 저것으로 이것을 바꾸지 말아야 하는 것이다.

事業文章隨身銷毀, 而精神萬古如新. 功名富貴逐世轉移, 而氣節千載一日. 君子 信不當以彼易此也.

149

▶ 고기를 잡으려고 그물을 쳐놓으면 기러기가 그 속에 걸리
고, 사마귀가 먹이를 노리고 있을 때 참새가 또 그 뒤에서
사마귀를 노리고 있는 것처럼, 계략 속에 또 계략이 감추어
져 있고 이변 밖에 또 이변이 생기니, 사람의 지혜와 계교
를 어찌 믿을 수가 있겠는가.

魚網之設, 鴻則罹其中, 螳螂之貪, 雀又乘其後. 機裡藏機, 變外生
變, 智巧何足恃哉.

150

▶ 사람이 조금이라도 진실하고 간절한 생각이 없으면 이는
곧 거지와 같으니 하는 일마다 헛될 것이며, 세상을 살아감
에 한 조각의 원만하고 활달한 맛이 없다면 나무인형과 같
으니 곳곳마다 장애가 있으리라.

作人無點眞懇念頭, 便成個花子, 事事皆虛. 涉世無段圓活機趣, 便
是個木人, 處處有碍.

151

▶ 수면은 파도만 일어나지 않으면 곧 저절로 고요하고, 거

울은 먼지가 끼지 않으면 자연히 밝다. 그러므로 마음은 애써 맑게 할 필요 없이 그 번뇌를 없애면 본래의 맑음이 저절로 나타나며, 즐거움도 반드시 찾을 것이 아니라 그 괴롭게 하는 것을 버리면 즐거움이 절로 있을 것이다.

水不波則自定, 鑑不翳則自明. 故心無可淸, 去其混之者, 而淸自現, 樂不必尋, 去其苦之者, 而樂自存.

152

▶ 한 가지 생각으로 귀신이 금하는 것을 범할 수 있고, 한마디 말로 천지자연의 조화를 깨뜨릴 수 있으며, 한 가지 일로써 자칫 자손의 재앙을 빚어낼 수 있으니, 모두 마땅히 간절하게 경계해야 할 것이다.

有一念而犯鬼神之禁, 一言而傷天地之知. 一事而釀子孫之禍, 最宜切戒.

153

▶ 일은 급하게 서두르면 분명하게 해결되지 않다가도 여유 있게 하면 혹 저절로 해결 되는 수가 있으니, 너무 조급하게 서둘러서 그 분노를 불러들이지 말라. 사람은 부리고자 하면 순종하지 않되 놓아두면 혹 저절로 감화되어 따르는

수가 있으니, 심하게 부려서 그 완고함을 더하지 말라.

事有急之不白者, 寬之或自明, 毋躁急以速其忿. 人有操之不從者, 縱之或自化, 毋操切以益其頑.

154

▶ 절의가 굳어 고관대작 앞에서도 당당할 수 있고 문장이 아름다워 흰 눈보다 고결할 수 있다. 그러나 만약 그것이 덕의 수양을 통해 나오지 않았다면, 마침내 절의는 한낱 사사로운 혈기일 뿐이고, 문장의 아름다움도 얄팍한 재주가 되고 말 뿐이다.

節義傲靑雲, 文章高白雪. 若不以德性陶鎔之, 終爲血氣之私, 技能之末.

155

▶ 일을 사양하고 물러서는 것은 마땅히 전성기 때에 물러나야 하고, 몸을 두는 것은 마땅히 홀로 뒤처진 자리에 두어야 한다.

謝事, 當謝於正盛之時. 居身, 宜居於獨後之地.

156

▶ 도덕을 삼가 지킬 때는 모름지기 아주 작은 일에서부터 해야 하고, 은혜를 베풀려면 갚지 못할 사람에게 힘써 베풀라.

謹德, 須謹於至微之事. 施恩, 務施於不報之人.

157

▶ 시장의 상인과 사귀는 것은 산촌의 늙은이를 벗함만 같지 못하며, 권문세가에게 굽실거림은 오막살이에 사는 평민과 친하게 지냄만 못하며, 거리와 동네의 뜬소문을 들음은 나무꾼과 목동의 노래를 들음만 같지 못하며, 지금 살아있는 사람의 부도덕과 그릇된 행동을 말하는 것은 옛 사람의 아름다운 말과 맑은 행실을 논함만 같지 못하다.

交市人不如友山翁, 謁朱門不如親白屋. 聽街談巷語, 不如聞樵歌牧詠. 談今人失德過擧, 不如述古人嘉言懿行.

158

▶ 덕은 사업의 기초이니, 기초가 튼튼하지 못한 채 그 집이 오래 간 적은 없다.

德者事業之基, 未有基不固而棟宇堅久者.

160

▶ 마음이란 훗날 자손의 뿌리이니, 뿌리를 깊이 내리지 않고서 가지와 잎이 무성할 수는 없다.

心者後裔之根, 未有根不植而枝葉榮茂者.

160

▶ 옛 사람이 말하기를 '자기 집의 무진장한 재산을 내버려 두고 남의 집 문전에서 밥그릇을 들고 거지 흉내를 낸다.' 라고 하였고, 또 '갑자기 부자가 된 가난뱅이여 꿈 같은 이야길랑 그만두어라. 누구네 부엌인들 불 때면 연기 안 날까.' 라고 하였다. 하나는 스스로 가진 것에 대한 어두움을 경계한 것이고, 하나는 스스로 가진 것에 대해 자랑함을 경계한 것이니, 가히 학문의 절실한 계명으로 삼을 일이다.

前人云, 拋却自家無盡藏, 沿門持鉢效貧兒. 又云, 暴富貧兒休說夢, 誰家竈裡火無烟. 一箴自昧所有, 一箴自誇所有, 可爲學問切戒.

161

▶ 도덕은 일종의 공중의 것이니 마땅히 사람에 따라 이끌어

인도할 것이요, 학문은 날마다 먹는 끼니와 같은 것이니 마땅히 일에 따라 경계하며 깨우쳐야 한다.

道是一重公衆物事, 當隨人而接引. 學是一個尋常家飯, 當隨事而警惕.

162
▶ 다른 사람을 믿는 것은 그 사람이 반드시 모두 성실해서가 아니라 자기만은 홀로 진실하기 때문이요, 다른 사람을 의심하는 것은 그 사람이 반드시 다 속여서가 아니라 저 스스로가 먼저 속이기 때문이다.

信人者, 人未必盡誠, 己則獨誠矣. 疑人者, 人未必皆詐, 己則先詐矣.

163
▶ 마음이 너그럽고도 후덕한 사람은 봄바람이 포근하게 안아 기르는 것과도 같아서 만물이 그를 만나면 생기가 충만해지고, 마음이 모질고 각박한 사람은 북녘 땅의 차가운 눈이 얼어붙게 하는 것과도 같아서 만물이 그를 만나면 생기를 잃어버린다.

念頭寬厚的, 如春風煦育, 萬物遭之而生. 念頭忌刻的, 如朔雪陰
凝, 萬物遭之而死.

164
▶ 착한 일을 했을 때 그 이익을 보이지 않지만 마치 풀 속
의 동과와 같아서 모르는 사이에 저절로 뻗어 나온다. 악한
일을 저질렀을 때는 그 손해는 보이지 않지만 마치 앞뜰의
봄눈과도 같아서 반드시 슬그머니 녹게 될 것이다.

동과(冬瓜) : 박과의 한해살이 덩굴성 식물.

爲善不見其益, 如草裡東瓜, 自應暗長. 爲惡不見其損, 如庭前春
雪, 當必潛消.

165
▶ 옛 친구를 만나면 소홀이 대하기 쉬우니, 마음가짐을 더
욱 새롭게 해야 한다. 비밀스런 일을 처리할 때는 마음가짐
이 더욱 분명하게 나타내야 하며, 연로한 분을 대할 때에는
은혜와 예우를 더욱 융숭하게 하여야 한다.

遇故舊之交, 意氣要愈新. 處隱微之事, 心迹宜愈顯. 待衰朽之人,
恩禮當愈隆.

166

▶ 근면은 도덕과 의리에 민첩한 것이거늘 세상 사람들은 근면의 이름을 빌려 그 가난을 구제하고, 검약이란 재물과 이익에 담담한 것이거늘 세상 사람들은 검약의 이름을 빌려 그 인색함을 꾸민다. 군자의 몸가짐을 지키는 방법이 도리어 소인의 사리사욕을 영위하는 도구가 되어버렸다. 이 어찌 안타까운 일이 아니겠는가.

勤者敏於德義, 而世人借勤以濟其貧. 儉者淡於貨利, 而世人假儉以飾其吝. 君子特身之符, 反爲小人營私之具矣. 惜哉.

167

▶ 기분이나 충동에 치우쳐 시작한 일은 시작하자마자 곧 그만 두게 되니 어찌 물러서지 않고 돌아가는 수레바퀴라고 할 수 있겠는가. 한 때 감정의 지식으로 얻은 깨달음은 깨닫자마자 곧 흐려지게 되니, 끝내 영원토록 밝게 비추는 등불이 되지 못한다.

憑意興作爲者, 隨作則隨止, 豈是不退之輪. 從情識解悟者, 有悟則有迷, 終非常明之燈.

168

▶ 남의 허물은 마땅히 용서해야겠지만 자신의 허물은 용서해서는 안 된다. 내가 겪고 있는 곤궁과 굴욕은 마땅히 참아야겠지만 다른 사람이 당한 곤욕을 방관해서는 안 된다.

人之過誤宜恕, 而在己則不可恕. 己之困辱當忍, 而在人則不可忍.

169

▶ 세속에서 초탈할 수 있어야 이것이 바로 기인이다. 일부러 기이한 일을 숭상하는 사람은 기인이 아니라 괴이한 사람인 것이다. 세속의 더러움에 섞이지 않은 사람이면 이것이 바로 청렴한 사람이다. 아예 세속을 끊고 맑음만 찾는 사람은 청렴한 사람이 아니라 과격한 사람인 것이다.

能脫俗便是奇, 作意尚奇者, 不爲奇而爲異. 不合汚便是淸, 絶俗求淸者, 不爲淸而爲激.

170

▶ 은혜를 베풀 때는 처음에는 박하게 하다가 점점 후하게 해야 한다. 만일 처음에는 후하게 하다가 나중에 박하게 하면 사람들이 그 은혜를 잊게 된다. 위엄을 보일 때는 처음에는 엄하게 하다가 점점 너그러워져야 한다. 만일 처음에

너그럽게 하다가 나중에 엄하면 사람이 그 가혹함을 원망
할 것이다.

恩宜自淡而濃, 先濃後淡者, 人忘其惠. 威宜自嚴而寬, 先寬後嚴
者, 人怨其酷.

171

▶ 마음속에 잡념이 없어야 자기의 본성이 나타나니, 잡념을
끊지 않고 본성을 보려하는 것은 마치 물살을 헤쳐서 달을
찾는 것과 같다. 뜻이 깨끗해야 마음이 맑아지니, 뜻을 명
확히 알지 못하고 마음 맑기를 구하는 것은 깨끗한 거울을
바라면서 거울에 먼지를 덧씌우는 것과 같다.

心虛則性現, 不息心而求見性, 如撥波覓月. 意淨則心淸, 不了意而
求明心, 如索鏡增塵.

172

▶ 내가 귀할 때 사람들이 나를 받드는 것은 내 몸에 걸친
이 높고 큰 감투를 받드는 것이며, 내 몸이 천할 때 사람들
이 나를 업신여기는 것은 이 베옷과 짚신을 업신여기는 것
이다. 그렇다면 원래 나를 떠받듦이 아니니 내 어찌 기뻐할
것이며, 원래 나를 업신여김이 아닌 것을 내 어찌 노여워할

것인가.

我貴而人奉之, 奉此峨冠大帶也. 我賤而人侮之, 侮此布衣草履也.
然則原非奉我, 我胡爲喜, 原非侮我, 我胡爲怒.

173

▶ '쥐를 위하여 항상 밥을 남겨 놓고, 부나방을 불쌍히 여
기 등잔에 불을 켜지 않는다.'고 하는 옛사람의 이러한 생
각이야말로 우리 인생이 태어나고 자라는 한 점 기틀인 것
이다. 만약 이것이 없다면 이른바 흙이나 나무와 같은 형체
에 불과할 따름이다.

爲鼠常留飯, 憐蛾不點燈. 古人此等念頭, 是吾人一點生生之機. 無
此, 便所謂土木形骸而已.

174

▶ 마음의 본체는 곧 우주의 본체이다. 그러한 까닭에 한 순
간의 즐거운 마음은 상서로운 구름과 같고, 한 순간의 성난
마음은 우레나 쏟아지는 폭우이고, 한 순간의 자비로운 마
음은 화창한 바람이며 달콤한 이슬과 같고, 한 순간의 엄숙
함은 뜨거운 햇볕이며 찬 서리 같으니, 그 어느 것인들 없
을 수 있겠는가. 다만 이러한 감정들이 때에 맞추어 일어나

고 사라져 광활하게 막힘이 없어야 우주와 하나가 되는 것
이다.

心體便是天體, 一念之喜, 景星慶雲, 一念之怒, 震雷暴雨. 一念之
慈, 和風甘露, 一念之嚴, 烈日秋霜, 何者少得. 只要隨起隨滅, 廓然
無碍, 便與太虛同體.

175
▶ 일이 없을 때는 마음이 혼미해지기 쉬우니, 마땅히 고요
히 하여 밝은 지혜로 비출 것이요, 일이 있을 때는 마음이
흐트러지기 쉬우니 마땅히 밝은 지혜로 일깨우되 고요함을
유지해야 한다.

無事時, 心易昏冥, 宜寂寂而照以惺惺. 有事時, 心易奔逸, 宜惺惺
而主以寂寂.

176
▶ 일을 의논하는 사람은 몸을 일 밖에 두어 마땅히 이해득
실을 잘 따져야 하고, 일을 맡은 사람은 몸을 일 안에 두어
마땅히 이해타산을 생각지 말아야 한다.

議事者, 身在事外, 宜悉利害之情. 任事者, 身居事中, 當忘利害之
慮.

177

▶ 선비가 권세 있는 요직에 있을 때에는 그 몸가짐과 행실이 엄격하면서 공명정대해야 하고, 마음과 기분은 온화하고 부드럽게 해야 한다. 조금이라도 방종하여 사리사욕을 일삼는 무리를 가까이하지 말 것이며, 또한 지나치게 격분하여 벌이나 전갈과 같은 사악한 무리의 독침을 건드리지 말아야 한다.

士君子處權門要路, 操履要嚴明, 心氣要和易. 毋少隨而近腥羶之黨, 亦毋過激而犯蜂蠆之毒.

178

▶ 절개와 의리를 표방하는 사람은 반드시 절개와 의리로 인해 비난을 받고, 도덕과 학문을 표방하는 사람은 항상 도덕과 학문으로 말미암아 원망을 불러들인다. 그러므로 군자는 나쁜 일을 가까이하지 않고 또한 좋은 명성도 세우지 않는다. 다만 원만하고 온화한 태도를 갖고 사는 것이야말로 세상살이의 가장 좋은 방법이다.

標節義者, 必以節義受謗. 榜道學者, 常因道學招尤. 故君子不近惡事, 亦不立善名. 只渾然和氣, 纔是居身之珍.

▶ 속임수를 잘 쓰는 사람을 만나면 정성스런 마음으로 감동시키고, 포악한 사람을 만나면 온화한 기운으로 감화시키며, 마음이 비뚤어지고 사욕에 눈먼 사람을 만나면 대의명분과 기개 절조로 격려해야 한다. 이렇게 하면 세상의 어떤 사람이라도 나의 교화에 감화를 받지 않는 이가 없게 된다.

遇欺詐的人, 以誠心感動之. 遇暴戾的人, 以和氣薰蒸之. 遇傾邪私曲的人, 以名義氣節激礪之. 天下無不入我陶冶中矣.

▶ 자비스러운 하나의 생각은 천지간의 온화한 기운을 빚어낼 것이요, 가슴 속 한 치의 청렴결백한 마음은 가히 맑고 향기로운 이름을 영원히 남길 수 있다.

一念慈祥, 可以醞釀兩間和氣. 寸心潔白, 可以昭垂百代淸芬.

▶ 음흉한 모략과, 괴상한 버릇, 이상한 행동, 기이한 재주는 모두 세상을 살아가는 데 있어 재앙의 씨가 된다. 다만 한 가지 평범한 덕성과 행실만이 곧 인간의 본성을 온전히 하고 화평을 불러들일 수 있다.

陰謀怪習, 異行奇能, 俱是涉世的禍胎. 只一個庸德庸行, 便可以完
混沌而召和平.

182

▶ 옛말에 이르기를 '산에 오를 때에는 험한 비탈길을 견뎌
내고, 눈을 밟을 때에는 위험한 다리를 건너는 걸 견뎌내
라.'고 하였으니, '견딜 내(耐)' 한 글자는 심오한 뜻을
지니고 있다. 만약 이 사나운 인정과 험난한 세상길에서 이
'견딜 내' 한 글자를 얻어 붙잡고 지나가지 않는다면 어
찌 가시덤불이과 구렁텅이에 빠지지 않을 수 있겠는가.

語云, 登山耐側路, 踏雪耐危橋. 一耐字極有意味. 如傾險之人情,
坎坷之世道. 若不得一耐字撑持過去, 幾何不墮入榛莽坑塹哉.

183

▶ 공적을 자랑하고 문장을 뽐내는 사람은 모두가 겉보기의
외물에만 치우쳐 이루어졌기 때문이다. 이런 사람은 마음
의 본체가 밝게 빛나서 본래의 모습을 잃지 않는다면 한 치
의 공적이나 한 글자의 문장이 없을지라도 저절로 정정당
당한 사람이 될 수 있다는 것을 알지 못하는 것이다.

誇逞功業, 炫耀文章, 皆是靠外物做人. 不知心體瑩然, 本來不失, 卽無寸功隻字, 亦自有堂堂正正做人處.

184

▶ 바쁜 가운데 한가로움을 얻으려거든 모름지기 먼저 한가로운 때 의지할 근거를 찾아놓아야 하고, 소란스런 와중에도 고요함을 유지하려면 모름지기 먼저 고요한 때에 그 중심을 세우고 있어야 한다. 그렇지 않으면 내 삶의 잣대가 상황에 따라 움직이고 일에 따라 흔들리게 된다.

忙裡要偸閒, 須先向閒時討個杷柄. 閙中要取靜, 須先從靜處立個主宰. 不然, 未有不困境而遷, 隨事而靡者.

185

▶ 자기 마음을 어둡게 하지 말고, 남을 너무 야박하게 대하지 말며 재물을 낭비하지 않는 것. 이 세 가지는 세상에 내 마음을 확고하게 세우는 길이고 뭇 사람들에 대해 생활을 평안하게 해주는 것이며 자손을 위하여 복을 쌓는 일이다.

不昧己心, 不盡人情, 不竭物力. 三者可以爲天地立心, 爲生民立命, 爲子孫造福.

186

▶ 관직에 있는 사람이 명심해야 할 두 마디 말이 있으니, '오직 공평하면 밝은 지혜가 생기고, 오직 청렴결백하면 위엄이 생긴다.'는 것이다. 가정을 꾸리는 사람에게 이르는 두 마디 말이 있으니 이는 '오직 용서하면 불평이 없고, 오직 검소하면 살림이 넉넉해진다.'이다.

居官有二語曰, 惟公則生明, 惟廉則生威. 居家有二語曰, 惟恕則情平, 惟儉則用足.

187

▶ 부귀한 처지에 있을 때에는 마땅히 가난한 사람의 고통을 알아야 하고, 젊은 시절에는 모름지기 늙었을 때의 괴로움을 생각해야 한다.

處富貴之地, 要知貧賤的痛癢. 當少壯之時, 須念衰老的辛酸.

188

▶ 몸가짐을 지나치게 고결하게 해서는 안 되니, 일체의 더러움과 욕됨을 용납할 줄 알아야 하고, 다른 사람과 사귐에 있어서는 너무 분명하게 하지 말라. 선한 사람과 악한 사람, 현명한 사람과 어리석은 사람 모두 포용할 수 있어야

한다.

持身不可太皎潔, 一切汚辱垢穢, 要茹納得. 與人不可太分明, 一切
善惡賢遇, 要包容得.

189
▶ 소인과는 원수를 맺지 말라. 소인은 그에게 걸맞은 적수
가 있기 때문이다. 군자에게 아첨하지 말라. 군자는 원래
사사로운 은혜를 베풀지 않기 때문이다.

休與小人仇讐, 小人自有對頭. 休向君子諂媚, 君子原無私惠.

190
▶ 본능에 따라 제멋대로 행동하는 병은 고칠 수 있어도 이
론에 집착하는 병은 고치기 어려우며, 구체적 사물로 인해
일어나는 장애는 없앨 수 있어도 의리에 얽매인 장애는 없
애기 어렵다.

從欲之病可醫, 而執理之病難醫. 事物之障可除, 而義理之障難除.

191
▶ 마음을 갈고 닦는 것은 마땅히 백 번 단련하는 쇠처럼 해

야 하니, 급하게 이룬 것은 깊은 수양이 아니다. 일을 실행함에는 마땅히 천균의 쇠뇌를 당기 듯 신중해야 하니, 대충대충 경솔하게 행동하는 사람은 큰 공적을 이루지 못한다.

磨礪當如百煉之金, 急就者, 非邃養. 施爲宜似千鈞之弩, 輕發者, 無宏功.

192

▶ 차라리 소인에게 시기와 헐뜯음을 받을지언정 소인배의 아첨하는 대상이 되어서는 안 된다. 차라리 군자의 꾸짖음을 받아 바로잡힐지언정 군자가 감싸는 대상이 되어서는 안 된다.

寧爲小人所忌毁, 毋爲小人所媚悅. 寧爲君子所責修, 毋爲君子所包容.

193

▶ 이익을 좋아하는 사람은 애초부터 도의의 바깥에 멀리 벗어나 있으므로 그 해로움이 비록 분명히 드러나지만 깊지는 않다. 명성을 좋아하는 사람은 도덕군자인 체 행동하면서 암암리에 온갖 불의를 행하니, 그 해로움이 보이지 않지만 깊다.

好利者, 逸出於道義之外, 其害顯而淺. 好名者, 竄入於道義之中, 其害隱而深.

194

▶ 남에게서 받은 큰 은혜는 갚지 않으면서 자잘한 원한은 굳이 보복하지 못해 안달하고, 다른 사람의 분명하지 않은 잘못은 믿어 의심하지 않으면서 다른 사람의 선행은 무조건 의심을 한다. 이것이야말로 각박함의 극치요, 야박함의 극단이니 각별히 경계해야 할 일이다.

受人之恩, 難深不報, 怨則淺亦報之. 聞人之惡, 難隱不疑, 善則顯亦疑之. 此刻之極, 薄之尤也, 宜切戒之.

195

▶ 남을 참소하고 비방하는 사람이 하는 짓은 마치 한 조각 구름이 햇빛을 가리는 것과 같아서 오래지 않아 그 진상이 저절로 밝게 드러난다. 아양 떨고 아첨하는 사람은 마치 틈새로 스며드는 바람이 살결에 스며듦과 같아서 비록 처음에는 별 해가 없는 듯 하더라도 저도 모르는 사이 큰 피해를 입게 된다.

讒夫毀士, 如寸雲蔽日, 不久自明. 媚子阿人, 似隙風侵肌, 不覺其損.

196

▶ 산이 높고 험준한 곳에는 나무가 자라지 않으나 골짜기가 굽이굽이 감도는 곳에는 초목이 무성하다. 물살이 세고 급한 곳에는 물고기가 살지 않지만 깊고 고요한 연못에는 온갖 물고기와 자라들이 모여든다. 그러한즉 이처럼 지나치게 고고한 행동과 편협하고 성급한 마음은 군자가 깊이 경계해야 할 것이다.

山之高峻處無木, 而谿谷廻環則草木叢生. 水之湍急處無魚, 而淵潭停蓄則魚鼈 聚集. 此高絶之行, 褊急之衷, 君子重有戒焉.

197

▶ 큰 공을 세우고 큰 사업을 이루는 사람은 대개 허심탄회한 사람이며, 일을 실패하고 기회를 놓치는 사람은 반드시 집착이 강하고 고집이 세다.

建功立業者, 多虚圓之士. 僨事失機者, 必執拗之人.

198

▶ 세상을 살아감에는 마땅히 세속에 휩쓸려서도 안 되고, 또한 세속과 달리하여도 안 된다. 일을 추진할 때에는 남들의 미움을 받아서도 안 되지만 그렇다고 남들의 비위를 맞추려 해서도 안 된다.

處世不宜與俗同, 亦不宜與俗異. 作事不宜令人厭, 亦不宜令人喜.

199

▶ 하루 해가 이미 저물었어도 오히려 노을이 아름답고, 한 해가 장차 저물려고 하는데 다시 등자와 귤이 꽃다운 향기를 풍긴다. 그러므로 군자는 인생의 만년에 다시금 정신을 백 갑절 가다듬어야 할 것이다.

日旣暮而猶烟霞絢爛, 歲將晩而更橙橘芳馨. 故末路晩年, 君子更宜精神百倍.

200

▶ 매가 앉아 있는 모습은 마치 조는 듯하고, 호랑이가 걷는 모습은 병든 것 같으니, 이것이 바로 그것들이 사람을 움켜잡고 무는 수단인 것이다. 그러므로 군자는 총명함을 숨겨 드러내지 말고 빛나는 재능은 드러내지 말아야 한다. 그래

야만 비로소 큰 임무를 어깨에 짊어질 역량을 갖추게 되는 것이다.

鷹立如睡, 虎行似病, 正是他攫人噬人手段處. 故君子要聰明不露, 才華不逞, 纔有肩鴻任鉅的力量.

201

▶ 검소함은 미덕이지만 도가 지나치면 탐욕스럽고 인색하게 되어 인정과 도리를 해치게 된다. 겸양은 아름다운 행실이지만 도를 넘어서면 지나치게 겸손하며 소심하게 되어 이기심이 생기는 경우가 많게 된다.

儉, 美德也, 過則爲慳吝, 爲鄙嗇, 反傷雅道. 讓, 懿行也, 過則爲足恭, 爲曲謹, 多出機心.

202

▶ 일이 뜻대로 안 된다고 근심하지 말며, 생각대로 잘된다고 기뻐하지 말라. 오래도록 편안할 것이라고 믿지 말며, 처음 맞는 어려움을 꺼리지 말라.

毋憂拂意. 毋喜快心. 毋恃久安. 毋憚初難.

203

▶ 술 마시며 잔치하는 즐거움이 많으면 좋은 집이 아니고, 빛나는 명성에 지나치게 물든 사람은 훌륭한 선비가 아니며, 높은 지위에 대한 생각에 사로잡힌 사람은 좋은 신하가 아니다.

飮宴之樂多, 不是個好人家. 聲華之習勝, 不是個好士子. 名位之念重, 不是個好臣士.

204

▶ 세상 사람들은 자신의 뜻대로 일이 이루어지는 것을 즐겁다고 여겨서, 즐거움만을 쫓다가 도리어 괴로운 상황에 빠져들게 한다. 사물의 이치에 통달한 사람은 마음에 어긋나는 일에서도 즐거움을 찾으니, 마침내는 괴로운 마음이 즐거움으로 바뀌어 오게 된다.

世人以心肯處爲樂, 却被樂心引在苦處. 達士以心拂處爲樂, 終爲苦心換得樂來.

205

▶ 모든 일이 만족할 만한 상태에 있는 사람은 마치 물이 넘칠 듯 말 듯 하는 것과 같아서 다시 한 방울이라도 더하는

것을 깊이 삼가야 한다. 위급한 상황에 처한 사람은 마치 나무가 꺾이려 하면서도 아직 꺾이지 않음과 같으니, 조금이라도 더 건드리는 것을 극히 경계해야 한다.

居盈滿者, 如水之將溢未溢, 切忌再加一滴. 處危急者, 如木之將折未折, 切忌再加一搦.

206

▶ 냉철한 눈으로 상대방을 살피고 냉철한 귀로 말을 들으며 냉철한 감정으로 자신의 생각을 주관하고 냉철한 마음으로 도리를 생각해야 한다.

冷眼觀人. 冷耳聽語. 冷情當感. 冷心思理.

207

▶ 어진 사람은 마음의 바탕이 너그럽고 평온하여 복을 후하게 누리고 기쁜 일도 오래가며 일마다 너그럽고 평온한 기상을 지니게 된다. 비천한 사람은 생각이 좁고 급한지라 제대로 복을 누리지 못하고 은택도 오래가지 못하며 하는 일마다 규모가 보잘것없게 된다.

仁人心地寬舒, 便福厚而慶長, 事事成個寬舒氣象. 鄙夫念頭迫促,便祿薄而澤短, 事事得個迫促規模.

208

▶ 어떤 사람의 나쁜 점을 듣게 되더라도 바로 미워해서는
안 되니, 그 사람을 헐뜯으려는 자가 분풀이로 지어낸 것일
수도 있기 때문이다. 어떤 사람의 좋은 이야기를 들을지라
도 급하게 친해지지 말라. 간사한 자들의 진출을 이끌어주
는 것이 될 수도 있기 때문이다.

聞惡不可就惡, 恐爲讒夫洩怒. 聞善不可急親, 恐引奸人進身.

209

▶ 성질이 조급하고 마음이 거친 사람은 한 가지 일도 이루
어내지 못하고, 마음이 온화하고 기질이 평안한 사람은 백
가지 복이 저절로 모인다.

性燥心粗者, 一事無成. 心和氣平者, 百福自集.

210

▶ 사람을 쓸 때에는 너무 각박하게 대하지 말아야 하니, 너
무 각박하게 대하면 열심히 일하려고 했던 사람이 떠나간
다. 친구를 사귐에 있어서는 함부로 하지 말아야 하나니,

사람을 함부로 사귀다보면 아첨하는 자들이 모여든다.

用人不宜刻, 刻則思效者去. 交友不宜濫, 濫則貢諛者來.

211
▶ 비바람이 세차게 몰아칠 때는 넘어지지 않기 위해 다리를 안정되게 해야 하고, 꽃 향기 만발하고 고을 때는 현혹되지 않기 위해 눈을 높은 곳에 두어야 하고, 길이 위태롭고 험한 곳에서는 눈을 높은 곳에 두어야 하고, 길이 위태롭고 험할 때에는 빨리 생각을 바꾸고 돌아서야 한다.

風斜雨急處, 要立得脚定. 花濃柳艷處, 要著得眼高. 路危徑險處, 要回得頭早.

212
▶ 절개와 의리를 지키는 사람은 지나치게 강직하여 자칫 남과 타협할 줄 모르기 쉬우니, 원만하고 온화한 마음을 지녀야 남과 다투는 길을 열지 않게 될 것이다. 공적과 명예를 지닌 사람은 곧잘 오만하고 잘난 척하기 쉬우니, 겸손한 마음을 지녀야 질투의 문을 열지 않게 될 것이다.

節義之人濟以和衷, 纔不啓忿爭之路. 功名之士承以謙德, 方不開嫉妬之門.

213
▶ 선비가 관직에 있을 때는 편지 한 장이라도 절도가 있어야 하니, 사람들이 읽어내기 어렵게 함으로써 요행을 얻는 실마리를 막아야 하기 때문이다. 벼슬자리에서 물러나 시골에 돌아와서 살고 있을 때는 자세를 너무 높이 해서는 안 된다. 사람들로 하여금 쉽게 만날 수 있게 해줌으로써 옛정을 돈독하게 할 수 있게끔 해야 하기 때문이다.

士大夫居官, 不可竿牘無節, 要使人難見, 以杜倖端. 居鄕不可崖岸太高, 要使人易見, 以敦舊好.

214
▶ 대인은 두려워하지 않으면 안 되니, 대인을 두려워하면 방종한 마음이 없어질 것이다. 백성도 두려워하지 않으면 안 되니, 백성을 두려워하면 교만하고 포악하다는 평판을 듣지 않을 것이다.

大人不可不畏, 畏大人則無放逸之心. 小民亦不可不畏, 畏小民則無豪橫之名.

▶ 일이 여의치 않을 때는 나보다 못한 사람을 생각하라. 그리하면 하늘을 원망하고 남을 탓하는 마음이 저절로 사라질 것이다. 마음이 조금이라도 게을러지고 거칠어지거든 문득 나보다 나은 사람을 생각하라. 그리하면 정신을 가다듬어 분발할 수 있을 것이다.

事稍拂逆, 便思不如我的人, 則怨尤自消. 心稍怠荒, 便思勝似我的人, 則精神自奮.

▶ 기쁨에 들떠서 아무 일이나 경솔하게 승낙해서는 안 되며, 술에 취했다고 해서 나중에 주워 담지 못할 화를 내서는 안 된다. 일이 순조롭게 진행된다고 해서 많은 일을 만들지 말며, 싫증난다 하여 지금 추진하는 일을 흐지부지하게 끝맺어서도 안 된다.

不可乘喜而輕諾, 不可因醉而生嗔. 不可乘快而多事. 不可因倦而鮮終.

▶ 독서를 잘하는 사람은 마땅히 책을 읽되 기쁨에 겨워 춤

이 절로 추어지는 경지에까지 이르러야 문자의 도구에 얽매이지 않는다. 사물을 잘 관찰하는 사람은 사물을 관찰하여 마음과 정신이 하나로 융합할 때까지 이르러야 사물의 외형에 구애받지 않게 된다.

善讀書者, 要讀到手舞足蹈處, 方不落筌蹄. 善觀物者, 要觀到心融神洽時, 方不泥迹象.

218

▶ 하늘이 한 사람을 택해 지혜롭게 하여 뭇 사람들의 어리석음을 깨우치게 하거늘, 총명해진 사람들은 제 잘난 것만 자랑하며 다른 사람들의 단점을 들추어내고 있다. 하늘은 한 사람을 택해 부유하게 하여 뭇 사람의 곤궁함을 구제하였으나, 부귀해진 사람들은 자신이 가진 재물을 자랑하며 남의 가난함을 업신여긴다. 이러한 사람들은 진실로 하늘의 벌을 받을 죄인이다.

天賢一人, 以誨衆人之愚, 而世反逞所長, 以形人之短. 天富一人, 以濟衆人之困, 而世反挾所有, 以凌人之貧. 眞天之戮民哉.

219

▶ 도덕과 학문이 높은 사람은 어떠한 근심이나 염려도 없

고, 어리석은 사람은 배운 것이 없어 아는 것이 없으니, 이 두류의 사람과는 함께 학문을 논할 수도 있고 또 함께 공적을 세울 수도 있다. 그러나 그도 저도 아닌 중간의 재주나 지혜를 가진 사람은 생각과 지식이 늘어나면 늘어날수록 억측과 의심도 따라 깊어지니, 이 부류의 사람과는 함께 일을 하기 어렵다.

至人何思何慮. 愚人不識不知, 可與論學亦可與建功. 唯中才的人, 多一番思慮知識, 便多一番億度猜疑, 事事難與下手.

220

▶ 입은 마음의 문이니, 입단속을 엄밀히 하지 않는다면 마음속의 비밀까지 모두 누설된다. 뜻은 곧 마음의 발이니, 뜻을 막음이 엄격히 지키지 않는다면 옳지 못한 길로 빠져들게 된다.

口乃心之門, 守口不密, 洩盡眞機. 意乃心之足, 防意不嚴, 走盡邪蹊.

221

▶ 남을 꾸짖을 때는 그의 허물 중에도 그나마 잘못이 적은 부분을 가지고 일러 주어야 하니, 그렇게 해야 상대방의 감

정이 평온하게 진정되어 내 충고를 귀담아 듣게 되는 것이다. 나를 꾸짖을 때는 허물이 없는 평상시라도 미진한 부분을 찾아 반성해야 하니, 그렇게 해야 자신의 덕이 자라날 것이다.

責人者, 原無過於有過之中, 則情平. 責己者, 求有過於無過之內, 則德進.

222

▶ 어린이는 어른의 씨앗이요 선비는 관리의 씨앗이다. 그러한 까닭에 어릴 때와 선비일 때 몸과 마음을 부지런히 수양하고 공부하지 않으면, 마치 화력이 모자라 질그릇과 주물을 정밀하게 만들지 못해 결국 좋은 물건이 될 수 없는 것과 같으니, 훗날 세상을 살아가거나 조정에 벼슬살이를 할 때에 쓸모 있는 인재가 되기 어렵다.

子弟者, 大人之胚胎, 秀才者, 士夫之胚胎. 此時若火力不到, 陶鑄不純. 他日涉世立朝, 終難成個令器.

223

▶ 군자는 어려운 지경에 처해서는 걱정하지 않으며, 즐겁고 편안할 때에도 쾌락에 젖어들지 않고 다음을 생각한다. 군

자는 권세가 있거나 부유한 사람을 만나서는 두려워하지
않고 불쌍하고 의지할 데 없는 사람을 만나면 안타까워한
다.

君子處患難而不憂, 當宴遊而惕慮. 遇權豪而不懼, 對惸獨而驚心.

224

▶ 복사꽃과 오얏꽃이 제아무리 아름답다 한들 어찌 저 사시
사철 푸른 소나무나 잣나무의 굳은 절개만 할 수 있겠는가.
배와 살구가 아무리 달다 한들 어찌 오래도록 변치 않는 노
란 등자나 푸른 귤의 맑은 향기만 할 수 있겠는가. 진실로
알겠노라. 아름다우면서 일찍 시드는 것은 담백하면서 오
래 가는 것에 미치지 못하며, 일찍 빼어난 것은 늦게 이루
어지는 것만은 못하다.

桃李雖艶, 何如松蒼栢翠之堅貞. 梨杏雖甘, 何如橙黃橘綠之馨冽.
信乎, 濃夭不及淡久, 早秀不如晚成也.

225

▶ 세상 풍파가 걷혀 잔잔하고 고요한 가운데에서 인생의 참
된 경지를 볼 수 있고, 인간의 욕망을 떨쳐 맛이 담백하고
소리 드문 곳에서 마음의 본래 모습을 알 수 있다.

風恬浪靜中，見人生之眞境．味淡聲希處，識心體之本然．

채근담 후집

菜根譚 後集

001

▶ 속세를 떠나 산림의 즐거움을 이야기하는 사람은 아직 산림의 맛을 진정으로 깨닫지 못한 것이요, 명리를 말하기 싫어하는 사람은 아직도 명리의 정을 완전히 잊어버린 것이 아니다.

談山林之樂者, 未必眞得山林之趣. 厭名利之談者, 未必盡忘名利之情.

002

▶ 낚시질을 하는 것은 한적함을 즐기는 일이지만 오히려 생살권을 부여잡고 있고, 장기와 바둑을 두는 것은 깨끗한 놀이이긴 하나 또한 전쟁의 마음을 일으키게 한다. 이로써 볼 때, 일에 참견하는 것을 좋아하는 것보다 아무 일 없는 것이 한가로워 좋고, 다재다능한 것보다 무능한 것이 본성을 지킬 수 있어 좋다.

釣水, 逸事也, 尙持生殺之柄. 奕棋, 淸戱也, 且動戰爭之心. 可見喜事不如省事之爲適, 多能不若無能之全眞.

003

▶ 꾀꼬리가 노래하고 꽃이 만발하여 온 산과 골짜기가 아무

리 아름다워도 이 모두 천지자연의 거짓된 모습일 뿐이다.
계곡의 물이 마르고 나뭇잎이 떨어져 바위와 벼랑만이 앙
상하게 남아 있어야 비로소 천지자연의 참모습을 볼 수 있
는 것이다.

鶯花茂而山濃谷艶, 總是乾坤之幻境. 水木落而石瘦崖枯, 纔見天
地之眞吾.

004
▶ 세월은 본래 장구한데 조급한 사람은 스스로 때가 왔다고
생각한다. 천지는 본래 광활하건만 속 좁은 사람은 스스로
세상이 좁다고 생각한다. 바람과 꽃과 눈과 달 등 사계절의
경치는 본디 한가롭건마는 세상에 찌든 사람은 즐길 여유
도 없이 스스로 번거롭다고 한다.

歲月本長, 而忙者自促. 天地本寬, 而鄙者自隘. 風花雪月本閒, 而
勞攘者自冗.

005
▶ 정취를 느끼기 위해 많은 것이 필요한 것이 아니다. 작은
연못과 주먹만 한 돌 사이에도 안개와 노을이 깃들인다. 훌
륭한 경치를 즐기기 위해 먼 데까지 갈 필요는 없다. 쑥으

112

로 얽은 창문과 대나무로 엮은 집 아래에도 맑은 바람과 밝
은 달이 스스로 한가롭다.

得趣不在多, 盆池拳石間, 煙霞具足. 會景不在遠, 蓬窓竹屋下, 風
月自賖.

006
▶ 고요한 밤의 종소리를 듣고는 꿈속의 꿈을 불러 깨우며,
맑은 연못의 달 그림자를 보고 몸 밖의 몸을 엿본다.

聽靜夜之鐘聲, 喚醒夢中之夢. 觀澄潭之月影, 窺見身外之身.

007
▶ 새의 지저귐과 벌레의 울음소리는 모두 천지자연의 이치
를 전해 주는 비결이요, 아름다운 꽃이나 풀빛은 진리를 나
타내는 문장이 아닌 것이 없다. 배우는 사람은 마땅히 본
마음을 맑고 밝게 하고 가슴을 영롱하게 하여, 듣고 보는
것마다 모두 마음에 깨닫는 바가 있어야 한다.

鳥語蟲聲, 總是傳心之訣, 花英草色, 無非見道之文. 學者要天機淸
徹, 胸次玲瓏, 觸物皆有會心處.

008

▶ 모든 사람은 글자로 된 책만 읽을 줄 알지만 글자 없는 책은 읽을 줄 모르며, 줄이 있는 거문고는 탈 줄 알아도 줄이 없는 거문고는 탈 줄 모른다. 이렇듯 형체를 통해서만 즐길 줄 알고 정신을 통해서는 그 정취를 깨닫지 못하니, 어떻게 거문고와 책에 담긴 참 정취를 느낄 수 있겠는가.

人解讀有字書, 不解讀無字書, 知彈有絃琴, 不知彈無絃琴. 以跡用, 不以神用, 何以得琴書之趣.

009

▶ 마음에 물욕이 없으면 이는 곧 가을 하늘과 잔잔한 바다요, 곁에 거문고와 책이 있으면 그곳이 바로 신선의 집이다.

心無物欲, 卽是秋空霽海. 坐有琴書, 便成石室丹丘.

010

▶ 손님과 친구들이 구름같이 모여 실컷 마시고 질탕하게 노는 것은 즐겁지만, 어느새 시간이 다하여 촛불이 가물거리고 향로의 연기가 사라지고 차도 식고 나면 저도 모르게 즐거움이 흐느낌으로 변하여 사람으로 하여금 쓸쓸하고 슬픔

만 남는다. 세상일이 모두 이와 같거늘 사람들아, 어찌하여 빨리 깨닫지 못하는가.

賓朋雲集, 劇飮淋漓樂矣, 俄而漏盡燭殘, 香銷茗冷. 不覺反成嘔咽, 令人索然無味, 天下事率類此, 人奈何不早回頭也.

011

▶ 자연 속에 깃들여 있는 참 의미를 깨달으면 세상의 아름다운 풍경이 모두 마음속에 들어오게 되고, 눈앞의 펼쳐진 천지조화를 간파하면 천고의 뛰어난 영웅이 모두 손아귀에 들어오게 된다.

會得個中趣, 五湖之煙月盡入寸裡. 破得眼前機, 千古之英雄盡歸掌握.

012

▶ 산천과 대지도 하나의 작은 티끌에 속하거늘 하물며 티끌 속의 티끌이랴 일러 무엇 하겠는가. 피와 살로 이루어진 몸뚱이도 죽고 나면 없어질 물거품과 그림자로 돌아가거늘 하물며 인간의 그림자 같은 부귀공명을 일러 무엇 하겠는가. 탁월한 지혜를 지닌 자가 아니면 환히 깨닫는 밝은 마음도 없다.

山河大地已屬微塵, 而況塵中之塵. 血肉身軀且歸泡影, 而況影外之影. 非上上智, 無了了心.

013

▶ 부싯돌에 번쩍 하고 마는 불빛 같은 인생에서 서로 길고 짧음을 다투어 이긴들 얼마나 되겠는가. 달팽이 뿔 위에서 자웅을 겨루어 이긴들 얼마나 큰 세상이겠는가.

石火光中爭長競短, 幾何光陰. 蝸牛角上較雌論雄, 許大世界.

014

▶ 꺼진 등불은 불꽃이 없고 해진 모피는 온기가 없으니 이것은 모두 쓸쓸한 풍경이다. 몸은 말라죽은 나무 같고 마음은 싸늘하게 식은 재 같다면 공(空)만을 고집하는데 빠져들고 말뿐이다.

寒燈無焰, 敝裘無溫, 總是播弄光景. 身如槁木, 心俄死灰, 不免墮在頑空.

015

▶ 사람이 즉시 세속의 욕심을 끊고 쉴 수 있다면, 번뇌도

곧 사라져 버리나, 만약 굳이 욕심을 끊을 적당한 시기를 찾은 후 쉬려 한다면, 그 때는 영원히 오지 않는다. 이는 마치 아들 딸 시집 장가를 보내는 일이 끝났다 하더라도 일이 또한 적잖이 남을 것이다. 또 승려와 도사가 되면 마음의 욕심을 완전히 뿌리칠 것 같으나 실은 그렇지 못하는 것과 같다. 옛사람이 이르기를 '지금 손을 놓고 쉴 수 있으면 당장 그렇게 해야 하니, 만약 그칠만한 적당한 시기를 따로 찾으려 한다면 영원히 쉴 수 없으리라.' 했으니, 참으로 밝은 견해이다.

人肯當下休, 便當下了. 若要尋個歇處, 則婚嫁雖完, 事亦不少, 僧道雖好, 心亦不了. 前人云, 如今休去便休去, 若覓了時, 無了時. 見之卓矣.

016
▶ 냉정한 눈으로 열광했던 때를 생각해야, 정열에 끌려 분주함이 아무런 보람이 안 되는 것을 알게 되고, 번거로움에서 한가로움으로 들어가 본 뒤에야 한가로움 속의 즐거움이 가장 길다는 것을 깨닫는다.

從冷視熱然後, 知熱處之奔走無益. 從冗入閒然後, 覺閒中之滋味最長.

017

▶ 부귀영화를 뜬구름으로 보는 기풍은 있을지라도 반드시 산속 깊은 곳에 살 필요는 없으며, 자연에 심취하는 고질병은 없을지라도 늘 스스로 술 한 잔에 취하고 시 한 수를 즐길 줄 알아야 한다.

有淨雲富貴之風, 而不必巖棲穴處. 無膏肓泉石之癖, 而常自醉酒耽詩.

018

▶ 명예와 이익을 좇는 일은 남에게 맡기고 거기에 빠지든 말든 관여하지 말라, 욕심 없고 소탈함은 나의 본성을 따르는 것이니 나 홀로 명예와 이익에 취하지 않고 깨어 있음을 자랑하지 않는다. 이것이 바로 부처가 말한 '일체의 사물과 도리에 얽매이지 않고 허무의 이치에도 얽매이지 않는 것이니, 그래야만 몸과 마음이 모두 자유로운 사람이 되는 것이다.'

競逐聽人, 而不嫌盡醉. 恬淡適己, 而不誇獨醒. 此釋氏所謂, 不爲法纏, 身心兩自在者.

019

▶ 시간의 길고 짧은 것은 생각하기 나름이고, 공간의 넓고 좁은 것은 한 치 마음에 묶여 있다. 그렇기 때문에 마음이 한가로운 사람은 하루가 천년보다 길게 느끼고, 마음이 넓은 사람은 한 칸의 좁은 방도 넓기가 하늘과 땅 사이만큼 넓다고 한다.

延促由於一念, 寬窄係之寸心. 故機閒者, 一日遙於千古, 意廣者, 斗室寬若兩間.

020

▶ 물질적인 욕심을 덜어내고 또 덜어내며 꽃 가꾸고 대나무를 심으니, 일체의 물욕이 사라지고, 번잡한 생각을 잊고 잊어 향을 사르고 차를 달이니, 일체의 사물에 개의치 않는다.

損之又損, 栽花種竹, 儘交還鳥有先生. 忘無可忘, 焚香煮茗, 總不問白衣童子.

021

▶ 눈앞에 닥치는 모든 일은 만족할 줄을 알면 바로 그 곳이 신선의 세계요. 만족할 줄 모르면 그저 욕망 가득한 속세일

뿐이다. 세상에 모든 인연은 잘 쓰면 어디서나 생기가 충만하나, 잘 쓰지 못하면 곳곳마다 살기가 가득할 것이다.

都來眼前事, 知足者仙境, 不知足者凡境. 總出世上因, 善用者生機, 不善用者 殺機.

022
▶ 권력에 빌붙다가 초래한 재앙은 매우 참혹하고 매우 빠르게 닥치지만, 욕심 없이 평안하게 지내는 정취는 참으로 담백하고 또 가장 오래간다.

趨炎附勢之禍, 甚慘亦甚速. 棲恬守逸之味, 最淡亦最長.

023
▶ 소나무 우거진 산골짜기 시냇가를 지팡이 끌고 혼자 걷다가 문득 서니 해진 옷에서 구름이 일어나고, 대나무 무성한 창문 아래에 책을 높이 베고 누웠다가 문득 졸다 깨어나 보니 달빛이 낡은 담요에 스며드는구나.

松澗邊, 携杖獨行, 立處雲生破衲. 竹窓下, 枕書高臥, 覺時月侵寒氈.

024

▶ 색욕이 불길처럼 타오를지라도 한 가지 생각이 병든 때에 미치면 그 흥이 문득 식은 재 같아지고, 명리가 사탕처럼 달콤하다 여겨질지라도 한 가지 생각이 죽음의 처지에 이르면 그 맛이 문득 납을 씹는 것처럼 맛이 없게 된다. 그러므로 사람이 항상 죽음을 근심하고 병을 생각한다면 헛된 환상을 버리고 도를 구하는 마음을 기를 수 있을 것이다.

色慾火熾, 而一念及病時, 便興似寒灰, 名利飴甘, 而一想到死地, 便味如嚼蠟. 故人常憂死慮病, 亦可消幻業而長道心.

025

▶ 앞을 다투는 길은 좁으니 한 걸음 뒤로 물러서면 저절로 한 걸음 넓고 평탄해지며, 진하고 좋은 맛은 금방 싫증나니 조금 맑고 담백하게 하면 저절로 그만큼 오래간다.

爭先的徑路窄, 退後一步, 自寬平一步. 濃艷的滋味短, 淸淡一分, 自悠長一分.

026

▶ 바쁠 때에 자기 본성을 어지럽히지 않으려면 모름지기 한가할 때에 정신을 맑게 길러야 할 것이요, 죽음을 앞두고

마음이 흔들리지 않게 하려면 모름지기 살아 있을 때에 사물의 참 이치를 깨달아야 한다.

忙處不亂性, 須閒處心神養得淸. 死時不動心, 須生時事物看得破.

027
▶ 속세를 떠나 자연에 은거하는 사람에게는 영예와 욕됨이 없고, 도의를 지키는 삶에는 변덕스런 세속의 인정이 없다.

隱逸林中無榮辱, 道義路上無炎涼.

028
▶ 더위를 그 자체는 없앨 수는 없지만 덥다고 짜증나는 마음을 없애버리면 몸은 항상 시원한 누대 위에 있을 것이요, 가난 그 자체를 쫓아낼 수는 없지만 가난을 근심하는 이 생각을 쫓아내면 마음이 항상 안락한 보금자리에 살게 된다.

熱不必除, 而除此熱惱, 身常在淸凉臺上. 窮不可遺, 而遺此窮愁, 心常居安樂窩中.

029
▶ 앞으로 나아갈 때에 문득 물러설 것을 생각해 두면 진퇴

양난에 빠지는 재앙을 면할 수 있을 것이요, 일을 시작할 때에 먼저 일을 멈출 것을 생각해 두면 호랑이 등을 타는 위험한 처지에서 벗어날 수 있다.

進步處便思退步, 庶免觸藩之禍. 著手時先圖放手, 纔脫騎虎之危.

030
▶ 욕심을 부리는 사람은 금을 나눠주면 옥을 얻지 못함을 불평하고, 공(公)의 작위에 봉하여지면 제후를 못 받는 것을 원망하니, 권력과 부귀를 가졌으면서도 구걸하고 거지 노릇을 달갑게 여긴다. 만족함을 아는 사람은 명아주 국도 고기와 쌀밥보다 맛있게 여기고, 거친 베옷도 여우 · 담비 가죽 옷보다 따뜻하게 생각하니, 평범한 백성이더라도 그 넉넉한 마음은 왕후장상을 부러워하지 않는다.

貪得者, 分金恨不得玉, 封公怨不受侯, 權豪自甘乞丐. 知足者, 藜羹旨於膏粱, 布袍煖於狐貉, 編民不讓王公.

031
▶ 명성을 자랑하는 것이 어찌 명성을 피하는 것만 하겠으며, 일에 익숙한 것이 어찌 일을 덜어 한가로움을 누리는 것만 같겠는가.

矜名不若逃名趣, 練事何如省事閒.

032

▶ 속세를 떠나 고요함을 즐기는 사람은 흰 구름이나 기이한 암석을 보면서 현묘한 이치를 깨닫고, 부귀영화를 좇는 사람은 맑은 노래와 묘한 춤을 보고 피곤함을 잊는다. 그러나 스스로 도를 깨달은 선비는 시끄러움과 고요함, 번영과 쇠퇴를 초월하고 미련이 없는 까닭에 어느 곳이나 자유로운 세상 아닌 곳이 없다.

嗜寂者, 觀白雲幽石而通玄. 趨榮者, 見淸歌妙舞而忘倦. 唯自得之士, 無喧寂, 無榮枯, 無往非自適之天.

033

▶ 산골짜기에서 피어난 한 조각 구름은 가고 머무름에 조금도 구애받음이 없고, 하늘에 걸린 밝은 달이 고요하고 소란스러움을 서로 상관하지 않는다.

孤雲出岫, 去留一無所係. 朗鏡懸空, 靜躁兩不相干.

034

▶ 유장한 정취는 진하고 맛 좋은 술에서 얻어지는 것이 아니요 콩죽을 먹고 물 마시는 소박한 생활에서 얻어진다. 슬픈 감회는 메마르고 적막한 곳에서 생기는 것이 아니라 피리 불고 거문고 줄을 타는 데서 생기는 것이니, 그러므로 짙은 맛은 항상 짧고, 담백한 맛 가운데 참다움이 있음을 알라.

悠長之趣, 不得於醲釀, 而得於啜菽飮水. 惆悵之懷, 不生於枯寂, 而生於品竹調絲. 固知濃處味常短, 淡中趣獨眞也.

035

▶ 선종에서 말하기를 '배고프면 밥 먹고 피곤하면 잠을 잔다.'라 했고, 시지에 말하기를 '눈앞의 경치를 사실대로 평범한 말로 표현하라.'라고 했다. 대개 지극히 높은 것은 아주 평범한 가운데 깃들어 있고 어려운 것은 지극히 평범한 데서 나온다. 그러므로 일부러 의도하면 멀어지고 마음을 비우면 이는 저절로 가까워진다.

시지(詩旨) : 시의 묘한 뜻을 설명한 글.

禪宗曰, 饑來喫飯倦來眠. 詩旨曰, 眼前景致口頭語. 蓋極高寓於極平, 至難出於至易. 有意者反遠, 無心者自近也.

036

▶ 물이 소리내어 흘러도 사방은 고요하니, 소란함 속에서 고요함을 깨닫는 정취를 얻을 것이요, 산이 높아도 구름은 거리낌 없이 흘러가니 유심에서 나와 무심으로 들어가는 이치를 깨달을 것이다.

水流而境無聲, 得處喧見寂之趣. 山高而雲不碍, 悟出有入無之機.

037

▶ 산과 숲은 경치 좋은 곳이지만 일단 집착하면 시장판이 되어 버리고, 글과 그림은 고아한 일이지만 일단 탐내어 빠져들면 상품이 되어 버린다. 마음이 세속에 물들어 집착함이 없으면 속세도 신선의 세계가 되고, 마음에 얽매이고 연연함이 있으면 즐거운 세상도 괴로운 세상이 된다.

山林是勝地, 一營戀便成市朝, 書畵是雅事, 一貪癡便成商賈. 蓋心無染著, 欲界是仙都, 心有係戀, 樂境成苦海矣.

038

▶ 시끄럽고 번잡한 때를 당하면 평상시에 기억한 것도 멍하

니 잊어버리고, 맑고 평원한 곳에 있으면 지난날에 잊었던
것도 다시 뚜렷하게 나타난다. 이것으로 고요한 곳과 시끄
러운 곳이 조금만 나누어져도 마음의 어둡고 밝음이 판이
하게 달라진다는 것을 알게 될 것이다.

時當喧雜, 則平日所記憶者, 皆漫然忘去. 境在淸寧, 則夙昔所遺忘
者, 又恍爾現前. 可見靜躁稍分, 昏明頓異也.

039
▶ 갈대꽃 이불을 덮고 흰 눈을 침대 삼아 구름 위에서 잠들
면 한 방 가득한 청명한 밤기운을 보전할 수 있을 것이요,
대나무 술잔을 들고 맑은 바람에 시를 읊조리고 밝은 달을
구경하면, 티끌 가득한 이 속세를 벗어나리라.

蘆花被下, 臥雪眠雲, 保全得一窩夜氣. 竹葉杯中, 吟風弄月, 躱離
了萬丈紅塵.

040
▶ 높은 벼슬아치의 행렬 속에 명아주 지팡이를 짚은 은자
한 사람이 있으면 고상한 분위기가 한결 더하고, 어부와 나
무꾼이 다니는 길 위에 관복 입은 벼슬아치가 섞여 있다면
오히려 속된 기운만 더해진다. 이로써 진실로 짙음이 담박

함만 못하고, 속된 것은 우아함만 못하다는 것을 진실로 알 수 있다.

袞冕行中, 著一藜杖的山人, 便增一段高風. 漁樵路上, 著一袞衣的朝士, 轉添許多俗氣. 固知濃不勝淡, 俗不如雅也.

041

▶ 속세를 벗어나는 길은 곧 세상을 바로 건너는 가운데 있으니, 반드시 사람과 인연을 끊음으로써 세상에서 도피해야 하는 것은 아니다. 마음을 밝히는 공부는 곧 마음을 다하는데 있으니, 반드시 욕심을 끊어서 마음을 식은 재처럼 만들어야 하는 것은 아니다.

出世之道, 卽在涉世中, 不必絶人以逃世. 了心之功, 卽在盡心內, 不必絶欲以灰心.

042

▶ 이 몸을 늘 한가로운 곳에 놓아둔다면 세속의 영화와 굴욕이나 얻음과 잃음이 어찌 나를 어긋나게 부릴 수 있으며, 이 마음을 늘 고요함 속에 편안히 있게 하면 옳음과 그름·이로움과 해로움이 어찌 나를 농락하겠는가.

此身常放在閒處, 榮辱得失, 誰能差遣我. 此心常安在靜中, 是非利害, 誰能瞞昧我.

043

▶ 대나무 울타리 아래에서 홀연히 개 짖고 닭 우는 소리를 들으면 마치 구름 속 세계에 있는 듯 황홀해지고, 서재 창가에서 한가롭게 매미 우는 소리와 까마귀 우짖는 소리를 들으면 고요함 속의 별천지임을 알게 된다.

竹籬下, 忽聞犬吠鷄鳴, 恍似雲中世界. 芸窓中, 雅聽蟬吟鴉噪, 方知靜裡乾坤.

044

▶ 내가 영화를 바라지 않거늘 어찌 이득과 봉록의 향기로운 미끼를 근심할 것이며, 내가 공명을 다투지 않거늘 어찌 벼슬살이의 위태로움을 두려워하겠는가.

我不希榮, 何憂乎利祿之香餌. 我不競進, 何畏乎仕官之危機.

045

▶ 산림과 숲, 샘과 바위 사이를 거닐면 속세에 찌든 마음이 점점 사라지고, 시와 글씨와 그림을 보고 있노라면 속세의

기운이 차츰 사라진다. 그러므로 군자는 비록 도락에 빠져 본뜻을 잃지 않는다고 하나, 또한 항상 외부의 사물을 통해 마음을 가다듬어야 한다.

徜徉於山林泉石之間, 而塵心漸息. 夷猶於詩書圖畫之內, 而俗氣 潛消. 故君子 雖不玩物喪志, 亦常借境調心.

046
▶ 봄날은 날씨가 화려하고 아름다워 사람으로 하여금 마음 이 넓고 커지게 하지만 가을날의 경치만 못하다. 이것이 어 찌 가을날의 흰 구름과 맑은 바람에 난초가 아름답고 계수 나무 향기 은은하며, 수면과 하늘이 한 빛이 되어 위 아래 가 환히 맑아서 사람으로 하여금 정신과 몸이 모두 맑게 하 는 가을만 하겠는가.

春日氣象繁華, 令人心神駘蕩, 不若秋日雲白風淸, 蘭芳桂馥, 水天 一色, 上下空明, 使人神骨俱淸也.

047
▶ 글자 한 자 모를지라도 시적인 정서를 가진 사람은 시인 의 진정한 멋을 터득할 수 있고, 게송 한 구절을 연구하지 않았더라도 선의 풍미가 있는 사람은 선교(禪敎)의 현묘한

이치를 깨달을 수 있다.

一字不識而有詩意者, 得詩家眞趣. 一偈不參而有禪味者, 悟禪敎
玄機.

048
▶ 마음이 흔들리면 활의 그림자를 뱀같이 보이고, 누운 바
위도 엎드린 호랑이로 보이니, 이런 속에서는 모두가 살기
가 서려 있다. 생각이 고요하면 석호 같은 포악한 사람도
갈매기처럼 온순하게 변하고, 시끄러운 개구리 울음소리도
음악처럼 들리니, 어디를 가나 모두 참된 이치를 본다.

機動的, 弓影疑爲蛇蝎, 寢石視爲伏虎, 此中渾是殺氣. 念息的, 石
虎可作海鷗, 蛙聲可當鼓吹, 觸處俱見眞機.

049
▶ 몸은 매어놓지 않은 배와 같으니 물 흐름에 따라 흘러가
거나 멈추거나 맡겨둘 것이요. 마음은 이미 재가 된 나무와
같으니 칼로 쪼개건 향을 바르건 무슨 상관이 있겠는가.

身如不繫之舟, 一任流行坎止. 心似旣灰之木, 何妨刀割香塗.

050

▶ 사람의 감정이란 꾀꼬리 소리를 들으면 기뻐하고, 개구리 울음을 들으면 싫어하고, 꽃을 보면 가꾸고 싶어 하고, 풀을 보면 뽑으려 한다. 그러나 이는 다만 형체와 기질로써 사물을 판단한 것이다. 만약 이를 천성으로써 본다면 그 무엇이 하늘의 울림이 아니며, 저 스스로 그 삶의 뜻을 펴는 것이 아니겠는가.

人情聽鶯啼則喜, 聞蛙鳴則厭, 見花則思培之, 遇草則欲去之. 但是以形氣用事, 若以性天視之, 何者非自鳴其天機, 非自暢其生意也.

051

▶ 머리카락이 빠지고 이가 성겨지는 것은 헛된 형체의 시들어짐에 맡겨두어라. 새의 노래와 꽃의 웃음에서 자연의 본성의 변함없는 진리를 깨달아라.

髮落齒疎, 任幻形之彫謝, 鳥吟花笑, 識自性之眞如.

052

▶ 마음속에 욕심이 가득 차면 차가운 연못에서도 물결이 끓어오르고, 한적한 산림 속에 있어도 그 고요함을 보지 못한다. 마음을 비우면 찌는 듯한 무더위 속에서도 서늘함을 느

끼고, 아침 시장에 있으면서도 시끄러움을 알지 못한다.

欲其中者, 波沸寒潭, 山林不見其寂. 虛其中者, 涼生酷暑, 朝市不
知其喧.

053

▶ 많이 가진 사람은 잃을 것 또한 많다. 그러므로 부유함이
가난하지만 걱정 없는 것만 못하다는 것을 알 수 있다. 거
들먹거리고 다니는 사람은 넘어지기도 쉽다. 그러므로 귀
함이 천하지만 항상 편안한 것만 못하다는 것을 알 수 있
다.

多藏者厚亡, 故知富不如貧之無慮. 高步者疾顚, 故知貴不如賤之
常安.

054

▶ 새벽 창가에 주역을 읽다가 소나무에 맺힌 이슬로 붉은
먹을 갈고, 낮에는 책상 앞에 앉아 불경을 담론하다가 대숲
에서 불어오는 바람이 경쇠 소리를 실어 보낸다.

讀易曉窓, 丹砂硏松間之露. 談經午案, 寶磬宣竹下之風.

055

▶ 꽃이 화분 안에 있으면 마침내 생기를 잃게 되고, 새가 새장 안에 갇혀 있으면 곧 자연스러운 멋이 줄어든다. 이 어찌 산속의 꽃과 새가 한데 어울려 아름다운 무늬를 이루며, 마음대로 날아올라 스스로 한가히 즐거워하는 것만 같겠는가.

花居盆內終乏生機, 鳥入籠中便減天趣, 不若山間花鳥錯集成文, 翶翔自若, 自是悠然會心.

056

▶ 세상 사람이 오직 '나'를 지나치게 진실한 것으로 알기 때문에 모든 일을 자기 위주로 생각하여 갖가지 기호와 번뇌가 쌓인다. 옛사람이 이르기를 '내가 있음을 생각지 않는데 어찌 사물의 귀중함을 알겠는가.'라고 했고, 또 이르기를 '이 몸이 본래 내 소유가 아닌 줄 알면서 번뇌가 어찌 다시 침범하겠는가.'라고 하였으니, 참으로 정곡을 찌른 말이다.

世人只緣認得我字太眞, 故多種種嗜好, 種種煩惱. 前人云, 不復知有我, 何知物爲貴. 又云, 知身不是我, 煩惱更何侵. 眞破的之言也.

057

▶ 늙은이의 입장에서 젊은 시절을 바라보아야 바쁘게 달리고 서로 다투는 마음이 없어질 것이요, 쇠퇴한 처지에서 영화로움을 보면 사치하고 화려해 지고자 하는 생각을 끊을 것이다.

自老視少, 可以消奔馳角逐之心. 自瘁視榮, 可以絶紛華靡麗之念.

058

▶ 인정과 세태는 여러 가지 모양으로 빠르게 변화하고 있으니, 너무 지나치게 진실하다고 믿어서는 안 된다. 소강절 선생이 이르기를 '어제의 나의 것이라고 하던 것이 오늘은 도리어 저 사람의 것이 되었으니 모르겠구나, 오늘의 나의 것이 또 뒷날 누구에게 속할 것인지.' 라고 하였으니, 사람이 항상 이 같은 생각을 가진다면 일체 번뇌의 속박에서 벗어날 수 있으리라.

人情世態, 倏忽萬端, 不宜認得太眞. 堯夫云, 昔日所云我, 而今却是伊, 不知今日我, 又屬後來誰. 人常作是觀, 便可解却胸中罥矣.

059

▶ 정신없이 바쁘더라도 냉철한 눈으로 보면 문득 많은 고민

거리를 줄일 수 있고 어려운 상황에 있을 때에도 한번 뜨거운 마음을 가지면 참된 멋을 얻게 된다.

熱鬧中著一冷眼, 便省許多苦心思. 冷落處存一熱心, 便得許多眞趣味.

060

▶ 하나의 안락함에 처해 있으면 고통스러운 상황이 재빨리 따라와 마주하고 하나의 좋은 환경이 있으면 또 다른 하나의 좋지 못한 환경이 쫓아와 나란히 한다. 그러니 평소 집에서 먹는 식사와 벼슬 없이 사는 환경이 안락한 보금자리라 하겠다.

有一樂境界, 就有一不樂的相對待. 有一好光景, 就有一不好的相乘除. 只是尋常家飯, 素位風光, 纔是個安樂的窩巢.

061

▶ 발을 높이 걷고 창문을 활짝 열어 푸른 산, 푸른 물이 구름과 안개를 머금었다 토하는 것을 보면 천지자연의 자유자재한 조화를 느끼게 되고 대나무와 나무가 우거진 곳에 제비가 새끼 치고 비둘기가 울어 계절을 보내고 맞이하는 것을 보면 대자연과 내가 하나 됨을 깨닫게 된다.

簾櫳高敞, 看靑山綠水吞吐雲煙, 識乾坤之自在. 竹樹扶疎, 任乳燕鳴鳩送迎時序, 知物我之兩忘.

062

▶ 성공이 있으면 반드시 실패가 뒤따르게 마련이니, 이러한 이치를 알면 굳이 성공을 구하는 마음에 맹목적으로 집착할 필요가 없어진다. 생명이 있으면 반드시 죽는다는 것을 알면 삶을 보존하는 길에 지나치게 애태우지 않을 것이다.

知成之必敗, 則求成之心不必太堅. 知生之必死, 則保生之道不必過勞.

063

▶ 옛 고승이 이르기를 '대나무 그림자가 섬돌 위를 쓸고 지나가도 섬돌 위의 티끌은 전혀 움직이지 않고, 달빛이 연못을 끝까지 환희 비추어도 수면에는 조금의 자취도 남기지 않는다.'라고 했고 또한 옛 선비도 말하기를 '물의 흐름이 빨라도 사방은 항상 고요하고, 꽃잎이 산산이 흩어져도 마음은 스스로 한가롭다.'라고 하였으니, 사람이 항상 이런 마음을 가지고 사물에 접한다면 몸과 마음이 얼마나 자유롭겠는가.

古德云, 竹影掃階塵不動, 月輪穿沼水無痕. 吾儒云, 水流任急境常靜, 花落雖頻意自閑. 人常持此意, 以應事接物, 身心何等自在.

064

▶ 숲 사이의 솔바람 소리와 바위틈에 흐르는 물소리를 가만히 귀 기울여 들으면 이것이 천지자연의 오묘한 음악임을 알게 되며, 풀숲에 피어오른 안개의 풍경 · 수면에 드리워진 구름의 그림자를 한가로운 가운데 바라보면 이것이 천지간의 가장 아름다운 문장임을 알게 된다.

林間松韻, 石上泉聲, 靜裡聽來, 識天地自然鳴佩. 草際煙光, 水心雲影, 閒中觀去, 見乾坤最上文章.

065

▶ 눈으로 서진의 황폐함을 보면서도 오히려 날카로운 칼날을 과시하며, 몸은 북망산의 여우와 토끼에게 맡겨질 것이건만 아직도 황금을 아까워하는구나, 옛말에 이르기를 '사나운 짐승은 길들이기 쉬워도 사람의 마음은 항복받기 어렵고, 깊은 계곡은 메우기 쉬워도 사람의 마음은 만족시키기 어렵다.' 라고 했는데 참으로 옳은 말이다.

眼看西晉之荊榛, 猶矜白刃, 身屬北邙之狐兎, 尚惜黃金. 語云, 猛獸易伏, 人心 難降, 谿壑易滿, 人心難滿, 信哉.

066

▶ 마음에 번뇌라는 풍파가 없으면 가는 곳마다 모두 청산녹수요, 타고난 본성 가운데 만물을 기르는 기운이 있으면, 눈길 닿는 곳마다 물고기가 연못에서 뛰어오르고 솔개가 하늘로 날아오르는 것과 같은 생기 넘치는 자유로움을 볼 수 있으리라.

心地上無風濤, 隨在皆靑山綠樹. 性天中有化育, 觸處見魚躍鳶飛.

067

▶ 고관대작이라도 때로 도롱이와 작은 삿갓을 걸치고 아무런 근심 없이 유유자적하는 은자를 보면, 자기생활의 고뇌와 수고로움을 한탄하지 않을 수 없으며, 고대광실에 사는 부호라도 한번 성긴 발을 드리우고 깨끗한 책상을 앞에 놓고 유유자적하는 사람을 만나면, 그리워하는 마음이 더해지지 않을 수가 없다. 사람들은 어찌하여 수단과 방법을 가리지 않은 채 부귀공명을 좇을 줄만 알고 자기의 본성을 따라 유유자적하게 살 것을 생각하지 아니하는가.

峨冠大帶之士, 一旦睹輕蓑小笠飄飄然逸也, 未必不動其咨嗟. 長筵廣席之豪, 一旦遇疎簾淨几悠悠焉靜也, 未必不增其綣戀. 人奈何驅以火牛, 誘以風馬, 而不思自適其性哉.

068

▶ 물고기는 물을 만나 유유히 헤엄치건만 자기가 물속에 있음을 잊고, 새는 바람을 타고 창공을 날아다니건만 자신이 바람 속에 있음을 알지 못한다. 사람이 만약 이러한 이치를 깨닫는다면, 몸은 비록 세속에 있더라도 마음은 바깥 사물의 얽매임에서 벗어나며 하늘의 오묘한 작용을 즐길 수 있을 것이다.

魚得水逝, 而相忘乎水. 鳥乘風飛, 而不知有風. 識此, 可以超物累, 可以樂天機.

069

▶ 여우가 잠자는 허물어진 섬돌과 토끼가 달리는 황폐한 누대를 달리나니, 이 모두 지난날 노래하고 춤추던 곳이며, 이슬 맺힌 국화와 안개 어린 시든 풀만 어지러이 감도나니, 이 모두 그 옛날 전쟁터라네. 흥망성쇠가 어찌 항상 한결같으며 강함과 약함이 또 어디에 있으랴. 이것을 생각하면 부귀영화를 탐내는 사람의 마음이 식은 재처럼 싸늘하게 변

하도다.

狐眼敗砌, 兎走荒臺, 盡是當年歌舞之地. 露冷黃花, 煙迷衰草, 悉
屬舊時爭戰之場. 盛衰何常, 強弱安在. 念此, 令人心灰.

070
▶ 영화와 굴욕에 놀라지 않으니 한가로이 뜰 앞에 꽃이 피
고 지는 것을 한가롭게 바라볼 수 있고, 관직에 나가고 머
무는 것에 뜻이 없으니 마치 하늘 밖에 구름이 걷히고 피어
오름을 볼 수 있구나. 맑은 하늘과 달 밝은 밤에 하늘 어디
인들 날지 못하랴만 부나방은 스스로 홀로 촛불에 몸을 던
지며, 맑은 샘물과 푸르게 깔린 풀잎이 무엇인들 마시고 먹
지 못하랴만 올빼미는 굳이 썩은 쥐를 즐겨 먹는다. 아! 이
세상에서 부나방이나 올빼미 같지 않은 사람이 그 몇 사람
이나 되겠는가.

寵辱不驚, 閑看庭前花開花落. 去留無意, 漫隨天外雲卷雲舒. 晴空
郎月, 何天 不可翺翔, 而飛蛾獨投夜燭. 清泉綠卉, 何物不可飲啄,
而鴟鴉偏嗜腐鼠. 噫. 世之不爲飛蛾鴟鴉者, 幾何人哉.

071
▶ 뗏목을 타고 건너자마자 곧 뗏목 버릴 것을 생각하면 이

는 어떤 것에도 구애되지 않는 깨달음을 얻은 사람이다. 만약 나귀를 타고 있으면서도 오히려 나귀를 찾아 헤맨다면, 결국 진리를 깨닫지 못하는 선사가 될 뿐이다.

纔就筏便思舍筏, 方是無事道人. 若騎驢又復覓驢, 終爲不了禪師.

072
▶ 권력과 부귀를 가진 사람들은 용이 날뛰듯 다투고 영웅과 호걸들은 호랑이처럼 싸우나 이를 냉철한 눈으로 싸움을 살펴본다면, 마치 개미떼가 비린내 나는 것에 모여드는 것과 같고, 파리 떼가 서로 먼저 피를 빨려고 다투는 것과 같이 추하다. 시시비비를 가리는 논의가 벌떼처럼 일어나고 이해득실의 싸움이 고슴도치 가시처럼 곤두서도 냉정한 마음으로 이를 대하면 마치 도가니 속에서 쇠를 녹이고 끓는 물로 눈을 녹이는 것과 같다.

權貴龍驤, 英雄虎戰, 以冷眼視之, 如蟻聚羶, 如蠅競血. 是非蜂起, 得失蝟興, 以冷情當之, 如冶化金, 如湯消雪.

073
▶ 물질적인 욕망에 얽매이면 우리의 삶의 애달픔을 깨달을 것이요, 천성대로 유유자적하게 살면 우리의 삶의 즐거움

을 깨닫게 되니, 그 애달픔을 알면 때 묻은 마음이 곧 사라
질 것이요, 그 즐거움을 알면 성인의 경지에 절로 이를 것
이다.

羈鎖於物欲, 覺吾生之可哀. 夷猶於性眞, 覺吾生之可樂. 知其可
哀, 則塵情立破. 知其可樂, 則聖境自臻.

074
▶ 마음 가운데 조금이라도 물질적인 욕망이 없다면 온갖 번
뇌는 마치 눈이 화롯불에 녹고, 태양 빛에 얼음이 녹듯 사
라지고, 눈앞에 한 줄기의 밝은 빛이 있으면, 언제나 밝은
달이 푸른 하늘 높이 떠 있고, 그림자는 물결 위에 있음을
볼 수 있으리라.

胸中旣無半點物欲, 已如雪消爐焰氷消日. 眼前自有一段空明, 時
見月在靑天影在波.

075
▶ 시를 짓는 영감은 자연과 어우러진 파릉교 위에 있으니
나지막이 읊조리자 산과 계곡이 문득 호연하며 메아리쳐
화답한다. 대자연의 흥취는 맑고 고요한 호숫가에 있으니
홀로 거닐면 산과 시냇물이 자연스레 서로 비춘다.

파릉교(灞陵橋) : 파교라고도 하며, 섬서성 장안현 동쪽에 있는
다리.

詩思在灞陵橋上, 微吟就, 林岫便已活然. 野興在鏡湖曲邊, 獨往
時, 山川自相映發.

076

▶ 오랫동안 엎드려 있던 새는 반드시 높이 날고, 일찍 피는
꽃은 홀로 일찍 시든다. 이러한 이치를 알면 발 헛디딜 근
심을 면할 수 있고, 조급하게 일을 이루려는 생각이 사라질
것이다.

伏久者飛必高, 開先者謝獨早. 知此, 可以免蹭蹬之憂, 可以消躁急
之念.

077

▶ 나무는 가을에 낙엽 지고 뿌리만 남은 뒤에야 비로소 꽃
과 잎사귀가 헛된 영화임을 알 수 있고, 사람은 죽어서 관
뚜껑을 덮을 때에 이른 뒤에야 비로소 자식과 재물이 아무
소용없음을 알 수 있다.

樹木至歸根, 而後知華萼枝葉之徒榮. 人事至蓋棺, 而後知子女玉

帛之無益.

078

▶ 참다운 공은 공이 아니요, 형상에 집착하는 것도 진실이 아니고, 형상을 깨뜨리는 것도 진실이 아니다. 묻노니 세존 께서는 뭐라고 말씀하셨는가, '속세에 있거나 속세를 벗어났거나 욕망에 따르는 것도 괴로움이요, 욕망을 끊는 것도 고통이다.'라고 하였으니, 우리는 스스로가 얼마나 수양을 잘하느냐에 달린 것이다.

眞空不空, 執相非眞, 破相亦非眞, 問世尊如何發付. 在世出世, 徇 欲是苦, 絕欲 亦是苦, 聽吾儕善自修持.

079

▶ 의로운 선비는 큰 나라도 사양하고, 탐욕스런 사람은 한 푼의 이익을 다툰다. 그들의 인품은 하늘과 땅 차이지만, 명예를 좋아하는 것은 이익을 좋아하는 것과 다를 것이 없다. 임금은 나라를 다스리고 거지는 끼니를 구걸한다. 그 신분은 하늘과 땅의 차이지만 임금이 나라를 위해 고심하는 것과 거지가 끼니를 위해 구걸하는 것과 결국 다를 바 없다.

烈士讓千乘, 貪夫爭一文, 人品星淵也, 而好名不殊好利. 天子營家
國, 乞人號饔飧, 位分霄壤也, 而焦思何異焦聲.

080

▶ 세상살이의 단맛과 쓴맛을 다 맛본 사람은 쉽게 변하는
세태에 다 맡겨서 눈뜨고 보는 것조차 귀찮아한다. 세상 인
정을 모두 알고 나면 소라고 부르건 말이라고 부르건 부르
는 대로 맡겨두고 다만 머리를 끄덕일 뿐이다.

飽諳世味, 一任覆雨飜雲, 總慵開眼. 會盡人情, 隨敎呼牛喚馬, 只
是點頭.

081

▶ 요즘 사람들은 온 힘을 다해 잡념을 없애려 하나 결국에
는 얻지 못한다. 그렇다면 잡념은 어떻게 없애는가. 과거에
있었던 일에 대한 고민을 마음속에 남겨두지 않고, 그저 현
재의 인연에 따라 일을 따라 처리해 나가다 보면, 자연히
차츰 잡념이 없는 경지에 들어가게 될 것이다.

今人專求無念, 而終不可無. 只是前念不滯, 後念不迎, 但將現在的
隨緣打發得去, 自然漸漸入無.

082

▶ 마음에 문득 깨닫는 바가 있으면 아름다운 경지가 이루어
지고, 사물은 자연 그대로 상태에 있어야 비로소 참맛을 볼
수 있다. 만약 조금이라도 인위적인 손질을 가하게 되면 마
음의 흥취는 오히려 줄어들게 된다. 백낙천이 말하기를
'마음은 일이 없을 때 유유자적하고, 바람은 자연을 따라
불어올 때 맑다.'라고 했으니, 참으로 음미해 볼 만한 말
이다.

意所偶會, 便成住境. 物出天然, 纔見眞機. 若加一分調停布置, 趣
味便減矣. 白氏云, 意隨無事適, 風逐自然淸. 有味哉, 其言之也.

▶ 천성이 맑으면 굶주림과 목마름을 겨우 면할 정도의 형편
이라도 심신을 건강하게 할 수 있지만, 마음이 물욕에 빠져
혼미해지면 비록 선을 말하고 게송을 읊는 청아한 생활을
할지라도 이는 모두 정신과 영혼을 희롱하는 헛수고일 뿐
이다.

性天澄徹, 卽饑喰渴飮, 無非康濟身心. 心地沈迷, 縱談禪演偈, 總
是播弄精魂.

084

▶ 사람의 마음에 하나의 진실한 경지가 있다. 그 경지를 얻은 사람은 거문고나 피리 소리를 듣지 않아도 저절로 편안하고 즐거워지며, 향을 피우거나 차를 끓이지 않더라도 저절로 맑고 향기로워지니 모름지기 생각을 깨끗이 하고 보고 듣는 것에 얽매이지 말며 온갖 잡념과 육체의 존재조차 잊어야 비로소 그 오묘한 경지에서 자유롭게 노닐 수 있다.

人心有個眞境. 非絲非竹而自恬愉, 不煙不茗而自淸芬. 須念淨境空, 慮忘形釋, 纔得以游衍其中.

085

▶ 황금은 광석에서 나오고 옥은 돌에서 나오니, 변화를 거치지 않으면 참모습을 드러낼 수 없다. 술을 마시는 가운데 도를 깨닫고 복숭아 꽃 핀 곳에서 별천지를 만남은 비록 고아한 일이지만 세상일을 겪는 가운데서 얻어진 것이 아닌지라 속세를 벗어날 수 없다.

金自鑛出, 玉從石生, 非幻, 無以求眞. 道得酒中, 仙遇花裡, 雖雅, 不能離俗.

086

▶ 천지간에는 온갖 사물들이 있고, 인간 관계에는 온갖 감정들이 있으며, 세상에는 온갖 일들이 벌어진다. 이것들을 세속의 눈으로 바라보면 각각 다르겠지만, 진리의 눈으로 바라보면 모두가 한결같은데, 어찌 구태여 제멋대로 판단하여 구별할 필요가 있겠으며, 굳이 좋은 것을 취하고 나쁜 것을 버릴 필요가 있겠는가.

天地中萬物, 人倫中萬情, 世界中萬事. 以俗眼觀, 紛紛各異, 以道眼觀, 種種是常. 何煩分別, 何用取捨.

087

▶ 정신이 왕성하면 베 이불을 덮고 좁은 방에서도 즐겨 잘 수 있으며 천지의 온화한 기운을 얻을 것이요, 입맛이 만족하면 명아주 국에 거친 보리밥을 먹어도 만족을 느낄 수 있으며 인생의 담박한 참 맛을 알 수 있다.

神酣布被窩中, 得天地沖和之氣. 味足藜羹飯後, 識人生澹泊之眞.

088

▶ 세속에 얽매임도 벗어남도 다만 자신의 마음에 달린 것이다. 마음으로 깨달으면 푸줏간과 술집도 어느새 극락정토

가 될 것이요, 마음에 깨달음이 없으면 아무리 거문고와 학을 벗 삼고 꽃과 풀을 가꾸며 즐거워함이 청아할지라도 깨달음을 방해하는 악마가 결국 남아 있을 것이다. 옛말에 이르기를 '일체의 번뇌를 없애면 속세도 진리의 세계가 되지만 깨달음이 없으면 절간도 세속의 보통 집과 다를 바 없다.' 라고 하였는데, 진정 옳은 말이다.

纏脫只在自心. 心了則屠肆糟占 居然淨土. 不然, 縱一琴一鶴, 一花一卉, 嗜好雖淸, 魔障終在. 語云, 能休, 塵境爲眞境, 未了, 僧家是俗家. 信夫.

089
▶ 좁은 방안에 살고 있다 할지라도 온갖 시름 다 버린다면, 채색한 들보에 구름 날고, 영롱하게 장식한 구슬 발 걷어올리고 비를 보는 얘기를 해서 무엇 하겠는가. 술 석잔 마신 뒤에 하나의 진리를 스스로 깨달으면, 그저 아무 장식 없는 거문고를 달빛 아래에서 타고 짧은 피리를 바람결에 읊조리는 것만으로도 만족함을 알뿐이다.

斗室中, 萬慮都損, 說甚畵棟飛雲, 珠簾捲雨. 三杯後, 一眞自得, 唯知素琴橫月, 短笛吟風.

090

▶ 만물의 소리 고요한 가운데 문득 한 마리의 새 울음 소리를 들노라면 온갖 그윽한 흥취가 일어나며, 온갖 초목이 시들어 떨어진 다음에 어디선가 나뭇가지 하나 빼 꼼이 솟아남을 보면 곧 무한한 생기가 촉발되어 움직인다. 이것으로 본마음은 항상 메마르지 않고, 생동하는 정신은 사물에 부딪쳐 가장 잘 나타나는 것임을 알 수 있으리라.

萬籟寂寥中, 忽聞一鳥弄聲, 便喚起許多幽趣. 萬卉摧剝後, 忽見一枝擢秀, 便觸動無限生機. 可見性天, 未常枯槁, 機神最宜觸發.

▶ 백낙천이 말하기를 '몸과 마음을 자유롭게 풀어놓아 아련히 오묘한 자연의 조화에 맡기는 것이 상책이다.'라고 하였고, 조보지가 말하기를 '몸과 마음을 단속하여 흔들림 없이 고요한 상태로 돌아가는 것이 상책이다.'라고 하였다. 그러나 다 놓아버리면 마음대로 흘러 미치광이처럼 될 것이고, 거두면 메마른 적막에 들어가 생기가 없게 된다. 오직 몸과 마음을 잘 다루자면 그 자루를 손에 쥐고서 거두고 놓음을 자유자재로 해야 한다.

白氏云, 不如放身心, 冥然任天造. 晁氏云, 不如收身心, 凝然歸寂
定. 放者流爲猖狂, 收者入於枯寂. 唯善操心身的杷柄在手, 收放自
如.

092

▶ 눈 내리는 밤, 달 밝은 하늘을 대하면 문득 마음이 맑아지
고, 봄바람의 화창한 기운을 만나면 마음 또한 저절로 부드
러워지니, 천지자연의 조화와 사람의 마음이 하나 되어 아
무런 틈조차 없는 것이다.

當雪夜月天, 心境便爾澄徹. 遇春風和氣, 意界亦自冲融. 造化人
心, 混合無間.

093

▶ 문장은 조촐함을 지켜 사물의 본모습을 묘사해야 발전이
있고, 도덕은 조촐함으로써 이루어지니, 이 하나의 조촐함
이란 무한한 의미가 담겨 있다. 도연명의 '도화원기'에
서 복숭아꽃 핀 마을에서 개가 짖고 뽕나무 사이에서 닭이
운다고 묘사한 문장은 얼마나 순박한가. 그러나 차가운 연
못에 달이 비치고 마른나무에서 까마귀 운다는 데 이르러
서는 교묘하기는 하나 문득 쓸쓸하고 처량한 기운이 있음
을 느낀다.

文以拙進, 道以拙成, 一拙字有無限意味. 如桃源犬吠, 桑間鷄鳴. 何等淳龐, 至於寒潭之月, 古木之鴉, 工巧中便覺有衰颯氣象矣.

094
▶ 자신이 주체가 되어 사물을 움직이면, 얻는 것이 있어도 기뻐하지 않고 잃었다 하더라도 근심하지 않으니, 이는 드넓은 대지 어디서나 자유롭게 소요한다. 그러나 이와 반대로 사물에 의해 부림을 당하면, 사람은 뜻대로 안 되는 것을 미워하고 뜻대로 되는 것에 애착하여 터럭만한 사소한 일에도 얽매이게 된다.

以我轉物者, 得固不喜, 失亦不憂, 大地盡屬逍遙. 以物役我者, 逆固生憎, 順亦生愛, 一毛便生纏縛.

095
▶ 본체가 고요하면 현상도 따라 고요해지는 것이니, 현상을 버리고 본체에만 잡으려는 것은 마치 그림자를 버리고 형체만 머물게 하려는 것과 같다. 마음이 공허하면 환경도 공허하니, 바깥 세계를 버리고 마음만 지니려는 것은 마치 비린내 나는 고깃덩어리를 모아놓고 쇠파리를 쫓으려는 것과 같이 무모하다.

理寂則事寂, 遺事執理者, 似去影留形. 心空則境空, 去境存心者, 如聚羶却蚋.

096

▶ 세속을 떠난 사람의 청아한 풍류는 모두 자기 마음이 즐거워하는 바를 좇아 유유자적하는 데에 있다. 그러므로 술은 권하지 않는 것으로 기쁨을 삼고, 바둑은 승패를 다투지 않음으로써 참 승리를 삼으며, 피리는 구멍이 없는 것으로 자연스레 본래의 음이 적당하다 하고, 거문고는 현이 없는 것으로 가장 고상함으로 여기며, 만남은 기약하지 않음으로써 참되다 하고, 손님을 맞거나 전송하지 않는 것으로 스스럼이 없다고 여긴다. 만약 한 번이라도 겉치레에 이끌리고 형식에 얽매인다면 곧 세속의 고해에 떨어질 것이다.

고해(苦海) : 고통의 세계라는 뜻으로, 괴로움이 끝이 없는 인간 세상을 이르는 말.

幽人淸事, 總在自適. 故酒以不勸爲歡, 棋以不淨爲勝, 笛以無腔爲適, 琴以無絃 爲高, 會以不期約爲眞率, 客以不迎送爲坦夷. 若一牽文泥迹, 便落塵世苦海矣.

097

▶ 이 몸이 태어나기 전에 어떤 모양으로 있었을까를 생각해

154

보고, 또 이 몸이 죽은 뒤에는 어떤 모양이 될까를 생각해 본다면, 온갖 생각이 식은 재와 같이 싸늘해지고 본성만이 고요히 남아 스스로 만물 밖으로 초월하여 만물이 생겨나기 이전의 세계에서 노닐 수 있게 될 것이다.

試思未生之前, 有何象貌, 又思旣死之後, 作何景色, 則萬念灰冷, 一性寂然, 自可超物外, 遊象先.

098

▶ 병에 걸린 뒤에야 건강이 보배인 줄 생각하며, 난세에 처하고 나서야 평화로운 세상의 행복함을 아는 것은 선견지명이 아니다. 요행으로 복을 바라는 것이 재앙의 근본임을 미리 알고, 불로장생 탐내는 것이 죽음의 원인이 됨을 아는 것이야말로 탁월한 지혜다.

遇病而後, 思强之爲寶, 處亂而後, 思平之爲福, 非蚤智也. 倖福而先知其爲禍之本, 貪生而先知其爲死之因, 其卓見乎.

099

▶ 배우가 분을 바르고 연지를 찍어가며 화장으로 미인과 추녀를 붓끝으로 그려내지만, 그러나 잠시 후 노래가 끝나고 연극의 막이 내리면 미인과 추녀가 어디에 있겠는가. 바둑

두는 사람은 앞뒤를 다투어 바둑돌로 승패를 겨루지만, 그러나 대국이 끝나고 바둑돌을 거두면 이기고 지는 것이 어디에 있는가.

優人傳粉調硃, 效姸醜於毫端, 俄而歌殘場罷, 姸醜何存. 奕者爭先競後, 較雌雄於著子, 俄而局盡子收, 雌雄安在.

100

▶ 바람과 꽃의 산뜻함, 눈과 달의 맑음은 오직 고요함을 좋아하는 사람만이 이러한 자연의 즐거움을 만끽하는 주인이 된다. 물과 나무의 무성함과 메마름, 대나무와 돌의 자라나고 사라짐은 오직 한가로운 사람만이 그 권리를 잡는다.

風花之瀟洒, 雪月之空淸, 唯靜者爲之主. 水木之榮枯, 竹石之消長, 獨閒者操其權.

101

▶ 시골 농부들은 닭고기 안주에 막걸리를 이야기하면 기뻐하나, 고급요리에 대해 물으면 알지 못하고, 또한 무명 두루마기와 베 잠방이를 이야기하면 슬며시 즐거워하나, 화려하고 귀한 벼슬아치의 예복에 대해 물으면 알지 못하니, 그 천성이 온전한 까닭에 그 욕망도 담박하다. 이것이야말

로 인생 제일의 경계인 것이다.

田父野叟, 語以黃鷄白酒則欣然喜, 問以鼎食則不知. 語以縕袍短褐則油然樂, 問以袞服則不識. 其天全, 故其欲淡, 此是人生第一個境界.

102
▶ 마음에 사심이 없으면 어찌 그 마음을 살펴볼 필요가 있겠는가. 석가가 말하는 '마음을 본다'라 함은 도리어 마음속의 망상을 더할 뿐이다. 만물은 본래 하나의 물인데 어찌 가지런하게 할 필요가 있겠는가. 장자가 말하는 '만물을 고르게 한다'라 함은 그 동등한 것을 스스로 무분별하게 구별 짓는 것일 뿐이로다.

心無其心, 何有於觀. 釋氏曰觀心者, 重增其障. 物本一物, 何待於齊. 莊生曰齊物者, 自剖其同.

103
▶ 피리와 노래 소리 한창 무르익었을 때, 문득 스스로 옷자락 떨치고 자리를 뜨는 것은 마치 통달한 도인이 벼랑에서 손을 놓고 거니는 것과 같아서 부러운 일이며, 밤늦어 이미 시간이 다했는데도 오히려 밤길을 쏘다니는 것은 마치 속

세의 선비가 그 몸을 고해에 잠기게 하는 것과 같은 우스운 일이다.

笙歌正濃處, 便自拂衣長往, 羨達人撒手懸崖. 更漏已殘時, 猶然夜行不休, 笑俗士沈身苦海.

104

▶ 마음을 확고하게 잡지 못했다면 마땅히 시끄럽고 번잡한 곳에 발길을 끊어라. 자기 마음으로 하여금 욕심낼 만한 것을 보지 못하게 하고 어지럽게 하지 않음으로써 나의 고요한 본바탕을 맑게 할 것이요, 마음을 이미 확고하게 잡았거든 속세에 뛰어들라. 자기 마음으로 하여금 욕심낼 만한 것을 보아도 또한 어지럽지 않게 함으로써 나의 원만한 마음을 기를 것이다.

把握未定, 宜絶跡塵囂, 使此心不見可欲而不亂, 以澄吾靜體. 操持既堅, 又當混跡風塵, 使此心見可欲而亦不亂, 以養吾圓機.

105

▶ 고요함을 좋아하고 시끄러움을 싫어하는 사람은 곧잘 사람들이 북적대는 세상에서 도피함으로써 고요함을 구한다. 이는 아무도 없는 곳에 뜻을 두면 오히려 자신에게 사로잡

힌 것이요, 마음이 고요함에만 집착한다면 이것이 곧 움직임의 원인이 된다. 이러한 것들을 깨닫지 못한다면, 어찌 남과 나를 하나로 보고 시끄러움과 고요함 두 가지를 모두 잊는 경지에 이를 수 있겠는가.

喜寂厭喧者, 往往避人以求靜. 不知意在無人便成我相, 心著於靜便是動根, 如何到得人我一視, 動靜兩忘的境界.

106

▶ 산속에 살면 가슴속이 맑고 깨끗하여 접촉하는 사물마다 모두 아름다운 생각이 들게 한다. 홀로 떠 있는 구름과 들판의 학을 보면 속세를 초월한 생각이 일어나고, 계곡의 물과 흐르는 샘물을 만나면 맑고 깨끗한 생각이 우러나고, 늙은 전나무나 한 겨울 매화를 어루만지면 굳센 절개가 우뚝 일어나고, 물가의 갈매기와 사슴의 무리를 벗하면 세속의 마음을 문득 잊는다. 그러나 만약 한번 속세에 뛰어들면 비록 다른 사물과 상관하지 않을지라도, 곧 이 몸도 또한 부질없는 물건에 속한다.

山居胸次淸洒, 觸物皆有佳思, 見孤雲野鶴, 而起超絶之想. 遇石澗流泉, 而動澡雪之思, 撫老檜寒梅, 而勁節挺立, 侶沙鷗麋鹿, 而機心頓忘. 若一走入塵寰, 無論物不相關, 卽此身亦屬贅旒矣.

▶ 흥취가 때때로 흥이 일어나서 향기로운 풀밭 사이를 맨발로 거니노라면, 들새도 겁내지 않고 벗이 되며, 경치가 마음에 흡족하면 흩날리는 꽃 아래서 옷깃을 헤치고 우두커니 앉으니, 흰 구름도 말없이 곁에 다가와서 머문다.

興逐時來, 芳草中撤履閒行, 野鳥忘機時作伴. 景與心會, 落花下披襟兀坐, 白雲無語漫相留.

108

▶ 사람의 행복과 재앙은 모두 생각에 따라 이루어진다. 그러므로 석가모니는 말하기를 '이익과 욕망의 마음에 불이 붙으면 이것이 곧 불구덩이요, 탐욕과 집착에 빠지면 이것이 곧 고해가 된다. 한 순간 생각이 맑으면 뜨거운 불꽃도 연못을 이루며, 찰나에 마음이 깨달으면 고통의 바다를 건너던 배도 저 언덕에 다다른다.' 라고 하였다. 생각이 조금만 달라도 그 상황은 확연히 달라지니, 어찌 신중하지 않을 수 있겠는가.

人生福境禍區, 皆念想造成. 故釋氏云, 利欲熾然即是火坑, 貪愛沈溺便爲苦海, 一念淸淨烈焰成池, 一念警覺船登彼岸. 念頭稍異, 境界頓殊, 可不愼哉.

109

▶ 먹줄도 꾸준히 톱 삼아 쓰면 나무가 잘려지고 물방울도 오래도록 떨어지면 돌이 뚫리나니, 도를 배우는 사람은 모름지기 힘써 노력해야 한다. 물이 모이면 저절로 도랑을 이루고 오이가 익으면 꼭지가 자연히 떨어지니, 도를 깨달으려는 사람은 한결같이 하늘의 작용에 맡겨야 할 것이다.

繩鋸木斷, 水滴石穿, 學道者須加力索. 水到渠成, 瓜熟蒂落, 得道者一任天機.

110

▶ 마음을 비우면 문득 달빛이 맑게 비치고 바람이 불어오니, 반드시 사람이 사는 세상이 반드시 고뇌에 찬 곳만은 아니다. 마음이 멀리하면 수레에서 먼지와 말발굽 소리가 저절로 없어지니, 어찌 산 속만을 고집하겠는가.

機息時, 便有月到風來, 不必苦海人世. 心遠處, 自無車塵馬迹, 何須痼疾丘山.

111

▶ 풀과 나무는 막 시들어 떨어졌는가 하면 어느새 뿌리 곁

에 새싹이 돋아나고, 겨울이 아무리 꽁꽁 얼어붙는 추위라 하여도 마침내 봄기운이 날아와 봄이 된다. 만물을 쇠락하는 와중에도 끊임없이 만물을 생성하는 생명력이 항상 주체가 되어 있으니, 이것으로 천지조화의 마음을 알 수 있다.

草木纔零落, 便露萌穎於根底. 時序雖凝寒, 終回陽氣於飛灰. 肅殺之中, 生生之意常爲之主, 卽是可以見天地之心.

112
▶ 비가 갠 뒤에 산의 빛을 보면 경치가 문득 새롭고 아름다움을 깨닫게 되고, 밤이 고요한 때에 종소리를 들으면 울림이 더욱 맑고도 높다.

雨餘觀山色, 景象便覺新妍. 夜靜聽鍾聲, 音響尤爲淸越.

113
▶ 높은 곳에 오르면 사람의 마음이 넓어지고, 흐르는 물을 보면 사람의 생각이 멀리까지 이른다. 눈이나 비가 오는 밤에 글을 읽으면 사람의 정신이 맑아지고, 산마루에서 휘파람을 불면 사람의 흥취가 솟구친다.

登高使人心曠, 臨流使人意遠. 讀書於雨雪之夜, 使人神淸. 舒嘯於
丘阜之嶺, 使人興邁.

114

▶ 마음이 넓으면 어마어마한 큰 봉록도 질항아리와 같이 여
겨지고, 마음이 좁으면 한 오라기의 머리카락도 수레바퀴
와 같이 크게 보인다.

　心曠, 則萬鍾如瓦缶. 心隘, 則一髮似車輪.

115

▶ 바람과 달, 꽃과 버들이 없으면 천지의 조화를 이루지 못
하고, 욕망과 기호가 없으면 마음의 바탕도 이루어지지 않
는다. 다만 내 의지로써 사물을 움직이고 사물로써 나를 부
리지 못하게 한다면 기호와 욕망도 하늘의 작용 아닌 것이
없고, 속세의 정도 곧 진리의 경지가 되는 것이다.

　無風月花柳, 不成造化. 無情欲嗜好, 不成心體. 只以我轉物, 不以
物役我, 則嗜慾莫非天機, 塵情卽是理境矣.

116

▶ 자기 한 몸에 대하여 자신이 제대로 깨달은 사람이라야

만물을 만물에 맡길 수 있고, 천하를 천하에 되돌릴 수 있는 사람이라야 속세에 있으면서도 속세를 벗어나게 한다.

就一身了一身者, 方能以萬物付萬物. 還天下於天下者, 方能出世間於世間.

117

▶ 인생살이가 너무 한가하면 딴 생각이 생겨나고, 너무 분주하면 참다운 본성이 나타나지 않는다. 그러므로 군자는 몸과 마음의 근심을 지니지 않을 수 없고, 또한 청풍명월의 정취도 즐기지 않을 수 없다.

人生太閒, 則別念竊生. 太忙, 則眞性不現. 故士君子不可不抱身心之憂, 亦不可不耽風月之趣.

118

▶ 사람의 마음은 대체로 동요하는 가운데 참 본질을 잃는다. 만약 조금의 잡념도 일으키지 아니하고 맑은 마음으로 고요히 앉아 있으면, 구름이 피어오르고 한가로이 함께 흘러가고, 빗방울이 떨어지면 서늘하게 함께 맑아지며, 새가 지저귀는 소리에 즐거이 느끼는 바가 있고, 꽃이 지면 그 모습에 초연히 깨닫는 바가 있다. 이러한 경지에 이르면,

어느 곳인들 진리의 세계가 아니겠으며, 어느 것인들 오묘한 이치가 없겠는가.

人心多從動處失眞, 若一念不生, 澄然靜坐, 雲興而悠然共逝, 雨滴而冷然俱淸, 鳥啼而欣然有會, 花落而瀟然自得. 何地非眞境, 何物非眞機.

119

▶ 자식이 태어나려 할 때는 어머니가 수시로 산고의 위험을 겪고, 돈이 쌓이면 도적이 수시로 엿보니, 어떤 기쁨인들 근심이 없을 수 있겠는가. 가난하면 아껴 쓸 수 있고 병이 들면 몸을 보살필 수 있으니, 어떤 근심이 기쁨이 아니리요. 그러므로 사물의 이치에 통달한 사람은 일이 잘되고 안됨을 하나로 보고 기쁨과 슬픔을 모두 잊어야 한다.

子生而母危, 鏹積而盜窺, 何喜非憂也. 貧可以節用, 病可以保身, 何憂非喜也. 故達人當順逆一視, 而欣戚兩忘.

120

▶ 귀는 마치 회오리바람이 골짜기에 메아리를 던지는 것과 같아, 바람이 지나간 뒤에 메아리가 머물지 않으면 시비도 함께 사라지며, 마음은 마치 밝은 달이 연못에 비치는 것과

같아, 텅 비어서 어디에도 집착하지 않으면 사물과 나 두 가지를 모두 잊을 것이다.

耳根似颷谷投響, 過而不留, 則是非俱謝. 心境如月池浸色, 空而不著, 則物我兩忘.

121

▶ 세상 사람들은 부귀영화와 명리에 얽매여 있어 걸핏하면 티끌세상이니 괴로움의 바다라고 말한다. 그러나 그들은 정작 아름다운 자연의 모습을 알지 못하니, 구름이 희고, 산이 푸르고, 시냇물이 흐르고, 바위가 솟고, 꽃이 피어 새를 반기고, 골짜기가 나무꾼의 노래에 화답하는 줄을 알지 못하는 것이다. 세상도 티끌이 아니고 바다도 괴로움이 아니건만, 그들 스스로가 그렇게 느낄 따름이다.

世人爲榮利纏縛, 動曰, 塵世苦海. 不知雲白山靑, 川行石立, 花迎鳥笑, 谷答樵謳. 世亦不塵, 海亦不苦, 彼自塵苦其心爾.

122

▶ 꽃은 반쯤 피었을 때가 가장 아름답고, 술은 조금만 취하도록 마시면 가장 기분이 좋다. 만약 꽃이 활짝 피고 술에 흠뻑 취한다면, 이는 이미 보기 흉한 지경에 되고 만다. 그

러므로 사람은 일이 절정에 이르면 사람은 마땅히 이점을
생각해야 한다.

花看半開, 酒飲微醺, 此中大有佳趣. 若至爛漫酕醄, 便成惡境矣.
履盈滿者, 宜思之.

123
▶ 산나물은 사람들이 가꾸지 않아도 절로 자라나고, 들새는
세상 사람들이 기르지 않아도 절로 살건만 그 맛이 모두 향
기롭고 또한 상큼하다. 우리 사람도 능히 세속에 물들지 않
는다면 그 품위가 월등히 높아 각별하지 않겠는가.

山肴不受世間灌漑, 野禽不受世間豢養, 其味皆香而且冽. 吾人能
不爲世法所點染, 其臭味不迥然別乎.

124
▶ 꽃을 가꾸고 대나무를 심으며, 학을 구경하고 물고기를
바라보아도 또한 일단 자신의 마음에 일단의 깨닫는 바가
있어야 한다. 만약 한낱 그 광경에 빠져들어 사물의 화려한
겉모습만 맛본다면 이는 역시 우리 유가에서 말하는 '그
저 귀로 듣고 입으로 내뱉는 학문'일 뿐이요, 불가에서 말
하는 '공에만 집착하는 선'에 불과할 뿐이니, 그 어찌 아

름다운 멋이 있겠는가.

栽花種竹, 玩鶴觀魚, 又要有段自得處. 若徒留連光景, 玩弄物華, 亦吾儒之口耳, 釋氏之頑空而已. 有何佳趣.

125
▶ 산 속에 은둔하는 선비는 청빈하게 살지만 그윽한 멋이 절로 풍요롭고, 들판의 농부는 거칠고 소박하지만 천진한 본성을 그대로 지니고 있다. 만약 한번 몸이 시장의 모리배로 전락한다면, 이는 차라리 구렁텅이에 굴러 떨어져 죽을지언정 정신과 육체의 깨끗함은 온전히 지니는 것만 못하다.

山林之士, 淸苦而逸趣自饒. 農野之夫, 鄙略而天眞渾具. 若一失身市井駔儈, 不若轉死溝壑神骨猶淸.

126
▶ 분수에 맞지 않는 복과 이유 없이 얻어진 이익은 조물주가 재앙을 내리기 위해 준 미끼가 아니면 인간들이 위기에 빠뜨리기 위해 쳐놓은 함정이다. 이런 상황에 처해서는 눈을 크게 뜨고 조심하지 않으면 그 술수에 넘어가지 않을 자가 드물다.

非分之福，無故之獲，非造物之釣餌，卽人世之機阱．此處著眼不高，鮮不墮彼術中矣．

127

▶ 인생은 본디 하나의 꼭두각시 놀음과 같은 것이니, 다만 그 근본을 손에 쥐고 있어야 한다. 한 가닥 줄이라도 엉킴이 없게 하여 당기고 늦추는 것이 자유로워야 나아가고 멈춤이 나에게 있는 것이다. 털끝만큼도 남의 간섭을 받지 않으면, 이 꼭두각시 놀음에서 벗어날 수 있다.

人生原是一傀儡．只要根蒂在手，一線不亂，卷舒自由．行止在我，一毫不受他人提掇，便超出此場中矣．

128

▶ 한 가지 일이 일어나면 한 가지 해로움이 생긴다. 그러므로 천하는 항상 무사함을 복으로 삼는다. 옛 사람의 시에 이르기를 '그대에게 권하노니 제후에 봉해지는 일에 대해서 말하지 마오. 한 명의 장수가 공을 이룸에는 1만 명의 병사들이 백골로 마른다.' 했고, 또 이르되 '천하가 항상 무사태평하다면 칼집 속에서 칼이 천년을 썩어도 아깝지 않다.' 했으니, 비록 웅장한 마음과 용맹스러운 기운이 있

다 하더라도 저도 모르는 사이에 눈 녹듯 사라진다.

一事起則一害生, 故天下常以無事爲福. 讀前人詩云, 勸君莫話對侯事, 一將功成萬骨枯. 又云, 天下常令萬事平, 匣中不惜千年死. 雖有雄心猛氣, 不覺化爲氷霰矣.

129

▶ 음탕한 여인이 거짓으로 비구니가 되고, 명예와 이익에 몰두하던 사람이 한 때의 충동으로 화상이 되기도 하니, 맑고 깨끗해야 할 불문이 늘 음란과 사악의 소굴이 되는 것은 이와 같아서이다.

화상(和尙) : 불교에서 '승려'를 높여 이르는 말.

淫奔之婦, 矯而爲尼. 熱中之人, 激而入道. 淸爭之門, 常爲淫邪淵藪他如此.

130

▶ 파도가 하늘에까지 닿으면 배 안에 있는 사람들은 두려움을 몰라도, 배 밖의 사람들은 마음을 졸이고, 연회석에서 술 취한 사람이 날뛰면 같은 좌중에 있는 사람들은 경계할 줄을 모르나, 자리 밖에 있는 사람들은 못마땅하게 여겨 혀

를 찬다. 그러므로 군자는 몸이 비록 일을 하는 와중이라
도, 마음은 일에 휩쓸리지 않고 초연할 수 있어야 한다.

波浪兼天, 舟中不知懼, 而舟外者寒心. 猖狂罵座, 席上不知警, 而
席外者咋舌. 故君子, 身雖在事中, 心要超事外也.

131

▶ 인생이란 덜어 버린 만큼 초탈할 수 있으니, 불필요한 관
계를 줄이면 번거로움에서 벗어날 수 있고, 불필요한 말을
줄이면 곧 허물이 적어지고, 불필요한 생각을 줄이면 정신
력이 소모되지 않고, 총명함을 내세우지 않으면 타고난 본
성을 완전해질 것이다. 그러나 덜어 버릴 줄 모르고 오히려
날마다 더하는 데 힘쓰는 사람은 참으로 자신의 인생을 속
박하는 사람이다.

人生減省一分, 便超脫一分. 如交遊減, 便免紛擾, 言語減, 便寡愆
尤, 思慮減, 則精神不耗, 聰明減, 則混沌可完. 彼不求日減而求日
增者, 真桎梏此生哉.

132

▶ 계절의 변화에 따른 추위와 더위는 피하기 쉬워도 인간
세상의 뜨거움과 서늘함은 제거하기 어렵다. 그러나 인간

세상의 뜨거움과 서늘함은 제거하기 쉬워도 내 마음의 얼음과 숯불은 버리기 어려우니, 이 마음속의 얼음과 숯불을 버릴 수만 있다면 가슴속에 온화한 기운 가득하여 이르는 곳마다 절로 봄바람이 있을 것이다.

天運之寒暑易避, 人世之炎凉難除. 人世之炎凉易除, 吾心之氷炭難去. 去得此中之氷炭, 則滿腔皆和氣, 自隨地有春風矣.

133
▶ 좋은 차를 굳이 구하지 않으면 차 주전자가 항상 마르지 않으며, 맛 좋은 술은 향기로운 것만을 구하지 않으면 술통이 또한 비지 않을 것이다. 거문고는 줄이 없어 음악을 연주할 수 없어도 내 마음을 조화롭게 하고 피리는 구멍이 없어 소리를 낼 수 없어도 내 마음껏 즐길 수 있다. 그러므로 이와 같이 할 수 있다면, 비록 복희씨를 뛰어넘기는 어려워도 가히 죽림칠현에는 필적할 수 있으리라.

茶不求精而壺亦不燥. 酒不求冽而樽亦不空. 素琴無絃而常調, 短笛無腔而自適. 縱難超越羲皇, 亦可匹儔嵇阮.

134
▶ 불가에서 만사가 인연에 따른다고 하는 '수연'과 유가

에서 처지에 따라 마땅하게 행동한다고 하는 '소위', 이
네 글자는 곧 바로 바다를 건너가는 구명구와 같은 것이다.
대개 세상길은 아득한지라, 인생의 바닷길은 아득한데 한
결같이 모든 일마다 완전함을 구한다면 만 가지 마음의 실
마리가 어지럽게 일어날 것이요. 경우에 따라 편안하게 살
면 이르는 곳마다 만족을 얻으리라.

수연(隨緣) : 인연에 따라서 현상을 일으킴.
소위(素位) : 본분에 따라 움직인다.

　釋氏隨綠, 吾儒素位, 四字是渡海的浮囊. 蓋世路茫茫, 一念求全則
萬緒紛起, 隨寓而安則無入不得矣.